Hans Peter Bleuel

Antipasti & Hors d'Œuvres

Die köstlichsten Vorspeisen der Welt

fotografiert von Edith Gerlach

Hädecke

ISBN 3-7750-0211-1

Fotos: Studio Gerlach, Frankfurt/Main
Einbandgestaltung: Lothar Hebel, Heidelberg

Printed in Germany.
Satz: IBV Satz- und Datentechnik GmbH, Berlin
Druck: Freiburger Graphische Betriebe, 1991

Inhalt

Kochen für Freunde

Die schönste Stunde eines Menüs liegt vor seinem Beginn Das ist keine unverschämte Übertreibung, sondern nur eine verschämte, denn ich liebe diesen Auftakt sehr.

Die Küche ist wohlpräpariert und aufgeräumt, und niemand sieht, ob oder welche Mühe ich mir gemacht habe; ich könnt's fast selbst vergessen.

Für die Gäste stehen neben den Gläsern Aperitif und Säfte bereit, eine Flasche Prosecco im Kühler, der Wein ist richtig temperiert; und freier Platz für feine Vorgerichte ist da auch.

Und dann kommen die ersten Gäste. Vielleicht werden es ja nur drei oder vier Gäste sein. Aber pünktlich kommen sie bestimmt nicht – oder einer gar doch? – und noch weniger kommen zur gleichen Zeit. Gleichviel: Auch die wenigen Freunde wollen sich erst ein wenig entspannen und plaudern. Die meisten müssen zunächst die letzte Begegnung auffrischen und sich beschnuppern. Das funktioniert am besten, wenn man sich nicht gleich in einer Ecke oder gar bei Tische festhockt, sondern für Bewegung sorgt. Stehen also oder zumindest aufstehen, damit sich die Leute begegnen! Dazu dient der einfache Dreh, die Getränke separat auf einem Tisch, Bord oder Regal – früher hatte man dafür die »Kredenz« – zu plazieren, wo sich die Gäste in Griffhöhe bedienen können. Herumlaufen und Nachschenken ist ganz schlecht, weil es nur die Formalität und den Konsum zum falschen Zeitpunkt erhöht. Sagen Sie nicht, das sei Ihnen zuviel Psychologie! Denn erstens ist das ganz einfach zu arrangieren, auch zur eigenen Bequemlichkeit; und zweitens tut es der Geselligkeit gut, und die Gespräche kommen unbeschwert in Gang. Weshalb ich auch als Gastgeber diese Stunde liebe, denn gut gestimmte Gäste sind gute Gäste.

Ihre Gäste mögen die *Zeit vor Tisch*: einen Drink und Geplauder, um die Anspannungen und Exaltationen des Tages ein wenig abzureagieren. Aber dazwischen mögen sie auch ein paar Happen. Die ersten nur so, die nächsten schon zum Nachschmecken, um die Erwartung zu steigern für kommende Gaumenfreuden. Da heißt es, den richtigen Zeitpunkt zu finden.

- Lassen Sie Ihre Gäste nie beim Entree auf eine vorgedeckte Vorspeisentafel lossteuern. Selbst ruhige Gemüter machen sich nach einer schwer beherrschten Anstandspause sofort darüber her, und unbeherrschte verzehren mehr, als dem Erfolg des Menüs und des Abends gut tut. Auch wenn die Zahl der Gäste groß ist oder eine üppige Tafel solcher *petits riens* als Hauptsache gedacht ist: Täuschen Sie mit blinden Flecken Unfertigkeit vor, verzögern Sie den Zugang.

- Passen Sie den rechten Moment ab. Dafür sind die freien Plätze und freien Flächen auf Kredenz und Tafel gedacht. Legen Sie eine große Unterplatte, eine dekorative Serviette dahin: Das heischt Respekt und Erwartung ohne Nachfrage. Doch wenn die ersten Gäste entspannt sind und die nachfolgenden von der geselligen Atmosphäre aufgesogen werden: Dann besetzen Sie – je unauffälliger, desto besser – die leeren Positionen mit vollen Platten, Schalen, Schüsselchen. Ein leiser Hinweis – »Aber natürlich doch!« – genügt schon.

• Schaffen Sie dann eine Pause. Zwischen dem Entree, den *amuse-gueules* oder *appetizern,* den *antipasti, tapas* oder *mezes,* kurzum: zwischen den *hors d'œuvres* und dem eigentlichen »Œuvre«, dem Menü oder Tafelgang, soll eine Unterbrechung liegen, ein Ausklingen des Geschmackseindruckes. Es sind zwei verschiedene Dinge, aufeinander abgestimmt, aber nicht notwendig übereinstimmend: »Bei Tisch klingt es anders.«

Manche Redewendungen entfalten ihr Gewicht erst beim Nachdenken und auch manche Benennungen. *Hors d'œuvre* bedeutet korrekt: außerhalb des Hauptwerkes – der Mahlzeit, des Menüs also. Und es ist kein schlechter Rat. Als hors d'œuvre bietet man nur soviel, daß der erste Anflug von Hunger gestillt, doch der Appetit gespannt wird. Wenig also, vielleicht zu wenig vom einzelnen, dafür mehr im Vielerlei. Und wenn das versiegt, die Platten geputzt sind, die Schälchen leer, geschieht der Übergang. Sie werden sehen: Diese gastrosophische Attitude, so quer sie auch zum zeitgeistlichen Üppigkeitsgebot sein mag, trägt dazu bei, einen geselligen Abend, eine festliche Einladung oder die Mittagsspanne eines intensiven Arbeitstages zu komponieren.

Denn diese Erfindung, ja Kreation der Vorspeisen oder Zwischengerichte hat ihre eigene Geschichte. Natürlich würde ich Ihnen jetzt gerne etwas von den *promulsis* und *marenda* der alten Römer erzählen, die diesen Vorgenuß aus dem feinen Brauchtum ihrer hellenischen und orientalischen Kulturvorbilder verfeinert haben.

Oder von Peter dem Großen, der in seinem Zarenreich nicht nur den Flottenbau und neue Verwaltungsformen, sondern auch die *Sakuska* einführte: Das ist nichts anderes als die nach russischer Feudalherren- oder Bojarenart überladene Vorspeisentafel, noch heute von vielen Wässerchen begleitet, das Prunkstück jedes russischen Festgelages. Die *Sakuska* hat Eigenwert bekommen, sie demonstriert Gastfreundschaft ohne Rücksicht auf eigene Not. Und *honi soit qui mal y pense:* Das ist zwar nicht mehr der kulinarische Sinn der Vorspeise – schmeckt aber mit viel Fisch und Räucherei großartig!

In Skandinavien, schon vor Peters Zeiten weniger von Not geplagt und heute von sozialer Sicherheit geprägt, die nur Eigentum und Alkohol teuer macht (dafür gibt's ja ganz gute Gründe), hat sich die Idee des Hors d'œuvre ebenfalls sehr eigenständig entwickelt. *Smörgåsbord* und *Smørrebrød* sind leib- und magenfüllende Ereignisse, denen man schwer widerstehen mag; doch an einen Hauptgang denkt dann keiner mehr. Eher an Wiederbelebung durch Aquavit.

Die britischen Inseln allerdings sind in Ansehung einer Vorspeisenkultur ziemlich unergiebig. Was dort in Herren-Clubs oder Hotel-Lounges vor Tisch zu finden ist, sind allenfalls Knabbereien. Oder internationale Importe, die die Söhne Albions bei ihren weltweiten Fischzügen mitgenommen haben. Und das ist eigentlich schon erstaunlich für ein so küstenreiches Land, denn in anderen Weltteilen hat gerade die Meerverbundenheit eine Geschmackskultur entstehen lassen, die das Signum der Leichtigkeit und Vielfalt trägt. In Südostasien zum Beispiel, in China, Japan oder in der Karibik. Und natürlich am Mittelmeer. Damit sind wir doch wieder bei den Erben der alten orientalischen, hellenischen, römischen Kultur, den romanischen Völkern.

Wie Gewohnheit und Genuß sich über die Zeit entwickeln und verfeinern, demonstriert das spanische Wörtchen »tapas« besonders sinnfällig. Es heißt nicht mehr als Deckelchen und meint zunächst nichts anderes als das Scheibchen Brot, mit dem man in der Hitze ein Glas Wein abdeckte, damit nicht Fliegen sich ertränkend daran labten. Denn Brot und Wein hatte man und erfrischte sich daran nach der Arbeit. Aus dem kargen Mahl wurde eine Gewohnheit, ein Imbiß zwischen der Siesta oder ein Appetithappen zur *Sherry-time*: mit einem Scheibchen luftgetrocknetem Schinken, würziger Wurst, festem Käse. Ein paar Oliven und Mandeln, krosse Brot- und Kartoffelscheiben. Und schließlich der urbane Brauch: Nach Büroschluß auf einen Sprung in Bar oder Café. Ein, zwei Gläschen Wein im Stehen, ein Imbiß im Plaudern, von der Theke ein paar Gambas oder Muscheln, Fritti, Fleischstückchen, Früchte, Gebäck: Auftakt zum Feierabend, und dann nach Hause. Die Grenzen zwischen den *tapas* und den *entremeses,* den eigentlichen Vorspeisen zum Mahl, sind fließend geworden, ganz wörtlich: flüssige Übergänge auf feinem Geschmacksniveau.

In Italien – wir steigen gleich in die Gegenwart ein – nimmt man das strenger. Die Erklärung ist einfach: Jede anständige Mahlzeit besteht da aus zweieinhalb Gängen. *Primo* die Pasta, ein Nudelgericht; *secondo* Fleisch oder Fisch mit kleiner Beilage; *e poi* ein wenig Obst und Käse. Das ist eine runde Sache, zu der man sich geruhsam, jedoch unter höchst angeregter Konversation bei Tisch versammelt. Denn gelingen wird das Mahl nur, wenn die Prima Pasta *al dente,* also auf die Minute genau heiß und bißfest auf die Teller kommt: Und deshalb muß man da schon sitzen! Zum anderen, so erklärt der Pasta-Freund, ist die Pasta nicht nur füllig, sondern ihre geschmeidige Würzung geschmacklich so differenziert, daß ein Vor-Gang, die *Antipasta* also, sich auf der Zunge recht zurückhaltend benehmen muß. Das einfache Resultat dieser kulinarisch konsequenten Überlegung: *Antipasti* sind meist kalt oder nur warm, weil sie in angemessenem Abstand zur spannungsvollen Pasta-Minute bereitstehen und gereicht werden; sie dürfen auf keinen Fall intensive Akzente setzen; und man nimmt sie in der Regel bei Tisch. In Italien jedenfalls.

Das französische *hors d'œuvre* hat wieder eigene Gesetze. Es ist die Ouverture einer Partitur, deren Absicht die Komposition eines Menues ist, eines kulinarischen Gesamtkunstwerks. Wenn Sie Ihre Plätze eingenommen haben, gehen die Lichter aus, und Ihre Aufmerksamkeit richtet sich auf das Vorspiel. Es schlägt unter weichem Schimmer die Töne des Abends an, verlockt zur Muße, verspricht Überraschungen, zieht Spannung auf und ab, ehe sich der große Vorhang zu drei, fünf oder sieben Akten öffnet. Es stimmt Sie ein – und damit ist es dann letztlich doch wieder der Phantasie und Eigenwilligkeit des Komponisten oder der Tonkünstlerin überlassen, ob Sie nicht doch schon im Foyer mit sanften Klängen *hors d'œuvre* empfangen werden.

Was ich damit sagen will: Beachten Sie diese kulinarischen Gewohnheiten und Regeln – oder tun Sie es nicht! Es ist gut und ein bißchen notwendig, sie zu kennen – doch es ist Ihr Geschmack, Ihre Phantasie, die Wahl und Kombination zu bestimmen. Und es sind Ihre Freunde und Gäste, deren Neigung und Geselligkeit Sie pflegen und gewinnen wollen. Der klassische Gastrosoph und menschenkundige Gastmahler Jean-Anthèlme Brillat-Savarin hat das auf eine schlichte hedonistische Formel gebracht: »Jemanden einladen, heißt für sein Glück sorgen, solange er unter unserem Dache weilt.«

Unsere Märkte bieten genug und mehr als seinerzeit, und das meiste ist hinreichend preiswert, diesen Anspruch kulinarisch umsetzen zu können, ohne selbst für ein Festmahl in den Schuldturm zu geraten. Und man kann auch die vielen Vorgerichte zu einem solchen Festmahl komponieren: Auch dazu dient unsere Auswahl von Deliziösem und Pikantem aus den Küchen vieler Länder.

Wobei es Sie kaum mehr verwundern wird, daß so vieles aus der Tradition und der Raffinesse unserer romanischen und mediterranen Nachbarn stammt!

Zu den Angaben in unseren Rezepten: Seien Sie nicht ängstlich, aber behutsam. Berechnet sind sie für vier bis höchstens sechs Personen als Vorspeise. Die Mengenverhältnisse zueinander können Sie nach Geschmack und Erfahrung variieren. Mit Pfeffer und vor allem Salz bin ich sparsam, mit Gewürzen zurückhaltend oder akzentuierend, mit Kräutern üppig. Frisch sind sie mir am liebsten – und das gilt für die übrigen Zutaten erst recht. Auch für edlen Schinken oder sehr alten Käse: Die müssen wirklich gut gepflegt sein, damit sie sehr frisch schmecken!

Bon appétit!

Das kleine Buffet

Ich liebe Buffets. Ich gebe zu, der Begriff ist nicht immer so einladend, wie ihn sich Gastgeber oder Spender gedacht haben. Der Kampf ums Kalte Buffet hat schon manchen zarten Genußmenschen erschreckt ins Abseits getrieben und verstört dem Wüten sonst recht wohlerzogener Zeitgenossen zuschauen lassen, auf deren Tellern Räucherlachs in Matjeshappen verschwimmt, Stangenspargel sich mit Dillgurken vermählt, Fleischbällchen um Krevetten kugeln und ein ff. Gemüsesalat über die haltende Hand tropft, die zierlich den Sektkelch umfingert – »Haben Sie schon diese köstlichen Grillspießchen probiert...?!« Nein, so ist's nicht gemeint.

Andererseits – dieses eingedeutschte Buffet ist auch eine strenge Sache. Hochbemützte Aushilfskräfte, die mit kräftigem Schnitt mächtige Beef- und Bratenscheiben auf heiße Teller gabeln, kurzgeschürzte Job-Studentinnen löffeln einen Schlag Kraut und Kartoffelsalat dazu – »Darf's noch ein Paar Würstel sein...?!« Nein, das ist es auch nicht.

Dabei gibt es für dieses Möbelstück Buffet so hübsche und geschmackvolle Wörter: die Kredenz, die Anrichte. Da werden Speisen und Getränke adrett dekoriert und dargeboten, zu jeden Gastes wählerischem Belieben und Bedienen kredenzt – »Es ist angerichtet!« Und dieses kleine Buffet meine ich. Ein paar leckere Schalen und kühle Flaschen mit Tellern und Gläsern, am Bord beiseite oder inmitten der Tafel, ein Korb mit knusprig frischem Brot, gesalzene Butter und Gewürze. Ein Steintisch im Garten, ein Kübel mit Eis, unterm Sonnenschirm auf der Veranda, Verschnaufpause nach der Heimkehr, die Zukost zu einer Weinrunde, das Freundesgespräch am Kamin. Leichte Kost, mit etwas Vorsorge immer zur Hand, rasch geplant und in Kürze zubereitet.

Melonen, Feigen, Oliven, Salami und Schinken

Ein Wegweiser durch den Paradiesgarten der anregenden Vorspeisen und leichten Köstlichkeiten muß mit diesen Klassikern beginnen, aus historischen wie kulinarischen Gründen. Frische Früchte und getrocknetes Fleisch – von Natur geschaffen, durch sie selbst mit wenig Einwirkung von menschlicher Hand veredelt. Die größte Einfachheit: aber welche Fülle der Variationen, welche Weite des Geschmacks, welcher Reiz der Kontraste!

Bei den Melonen können Sie heutzutage unter vier, fünf Sorten wählen. Wassermelonen eignen sich eher als Durstlöscher und haben den geringsten Eigengeschmack. Honig-, Zucker- oder Netzmelonen sind reif, wenn sie am Blütenansatz zart duften. Geschmacklich unübertroffen sind die Cavaillon-Melonen aus der Provence. Sie werden halbiert, dann schabt man mit einem Löffel das Kerngehäuse aus. In Schiffchen schneiden, mit einem scharfen Messer zwischen Fruchtfleisch und Schale durchfahren und die Schnitten mit Eiswürfeln auf einer Platte dekorieren. (Ganz fürsorgliche Gastgeber schneiden vorher noch einmal quer in kleine Stücke, die mit Sticks bespickt werden: Das mindert die Unfallgefahr beim Zulangen.)

Unter Feigen sind natürlich die frischen violetten zu verstehen. Mit warmem Wasser abwaschen, das spült die Klebrigkeit weg, und Stiel und Blütenansatz kappen. Dann zu prangenden Rosetten aufschneiden, deren Teile sich leicht trennen lassen.

Bei den Oliven müssen Sie gar nichts machen. Aber verschiedene Sorten schwarz und grün und gefüllt nebeneinander sehen nicht nur fröhlich aus, sondern beleben auch die Neugier.

Die Vielfalt der Salame ist kaum zu beschreiben. Der feine Mailänder Typ sollte auf keiner Platte fehlen, auch die kleinen Ausgaben der *cacciatore* sind leicht zu erhalten. Daneben aber gibt es eine Unzahl von Salame *nostrano* und *casalingo,* regionale und hausgemachte Spezialitäten, die meist kräftiger, gröber und stärker gewürzt sind und Scheibchen für Scheibchen immer neue Geschmacksvarianten offenbaren. Nicht zu vergessen die Raffinessen aus anderer Länder Rauchfang: ungarische Salami und spanische Chorizos, rumänische Mititei (mit zerstoßenen Peperoni!) und französische Andouilles (aus Innereien!)... oder Merguez aus Algerien.

Beim Schinken ist die Wahl klar und der Vergleich dem Gast überlassen: *prosciutto crudo* aus Parma und aus San Daniele. Der ausgebeinte Parmaschinken aus der Emilia ist heller und zart süßlich im Geschmack, sein ebenfalls luftgetrockneter Vetter aus dem Friaul flachgepreßt, etwas magerer und würziger. Als pikanter Kontrast zu empfehlen: *Bresáola,* luftgetrocknetes Rindfleisch, ebenfalls hauchdünn geschnitten und mit ein paar Tropfen Zitrone und Olivenöl zu genießen. Oder *Jamon Serrano,* der herbsüße Schinken aus der spanischen Mancha! Teuer sind sie alle, denn solche Qualität hat ihren Preis, wie Sie bei »Sonderangeboten« merken.

◁ Die klassische Vorspeise: Melonen, Feigen, Oliven und *prosciutto crudo* – einfach köstlich!

CRUDITÉS

Crudités sind hier keine Grobheiten, sondern rohe Streifen und Schnitze frischer Feldfrüchte: Paprika, Stangensellerie, Fenchelknollen, Chicorée, Karotten, Gemüsezwiebeln, Prinzeßbohnen – was immer Ihnen in der Saison vor Augen kommt und zart erscheint.
Sie werden rasch geputzt und gewaschen, in längliche Happen geschnitten und bunt auf einer Platte dekoriert. Man greift mit den Fingern zu und dipt die Crudités in würzige Saucen. Eine gute Mayonnaise oder Hollandaise, eine Remoulade oder Kräuter-Vinaigrette finden Sie auch im Feinkostladen. Eine Aïoli oder eine Anchoïade mache ich immer selbst, denn Knoblauch verlangt frische Zubereitung.

Aïoli

(Abb. Seite 116/117)

Beachten Sie dabei: Keimender Knoblauch wird bitter! Deshalb sollte man vor der Verwendung den Keim auslösen.

6 Knoblauchzehen
Körniges Meersalz
1 Scheibe Weißbrot
Etwas Milch
2 Eigelb
1 Täßchen Olivenöl
Zitronensaft

Vorab die Brotscheibe in Milch einweichen. Den geschälten und geschnitzelten Knoblauch mit etwas Salz im Mörser zerstampfen. Weißbrot gut ausquetschen und mit dem Knoblauch zu Püree verarbeiten. Handwarmes Eigelb einziehen und dann tropfenweise das Öl mit der Gabel einrühren, bis eine dickliche Paste entstanden ist. Mit Zitronensaft und eventuell Salz abschmecken.
Etwas milder wird die Aïoli, wenn Sie zum Schluß noch ein, zwei Löffel heißes Wasser einziehen; feuriger, wenn man mit dem Knoblauch ein oder zwei trockene Schoten Peperoni zerstößt oder auf das Brot verzichtet.

Anchoïade

(Abb. Seite 116/117)

Zu dieser Sardellenpaste verwenden Sie Filets aus dem Glas. Die in Salz sind aromatischer als die in Öl, müssen aber vorher gewässert und dann – wie die öligen – trockengetupft werden.

12 Anchovisfilets
4 Knoblauchzehen
2 Schalotten
1 Löffel Kapern
1 Täßchen Olivenöl
1 Löffel roter Weinessig

Die Sardellenfilets zerrupfen und dabei Grätenreste entfernen. Im Mörser zerstoßen. Knoblauch, Schalotten und Kapern fein schneiden und mit dem Stößel unter die Anchovis drücken. Langsam das Öl einrühren und am Ende mit Essig abschmecken; Salz wird kaum vonnöten sein.
Natürlich kann man so etwas auch mit einem kleinen Elektromixer pürieren. Aber das muß sehr behutsam geschehen, sonst geht leicht die körnig-ölige Konsistenz und das Gütesiegel »handgemacht« verloren.

Bruschetta

Auch das ist ein Klassiker, sogar von archaischer Dimension. Denn es handelt sich schlicht um eine Scheibe kräftiges Bauernbrot, die über dem Feuer oder im Ofen, also auch auf dem Grill oder im Toaster rasch knusprig gebräunt wird, dann kräftig mit Knoblauch eingerieben und mit bestem Olivenöl beträufelt, warm serviert wird. Das können Sie dann korrekt eine *bruschetta umbra* nach altem Brauch der Abruzzen nennen.
Eine ebenso herzhafte Variante: Man bestreicht die heißen Brotscheiben mit der Anchoïade (s. o.). Oder eine mildere Abart: Sie fertigen dazu eine *salsa pomodoro crudo.*

4 feste Fingertomaten
1 Bund Basilikum
1 Knoblauchzehe
1 Löffel Olivenöl
Salz

Die Tomaten werden kochend heiß überbrüht und geschält. Mit scharfem Messer halbieren, Stielansatz ausschneiden und Mark mit Kernen ausstreifen. Fruchtfleisch klein schneiden und auf Küchenkrepp abtropfen lassen.
Basilikumblätter in feine Streifen schneiden und mit dem Tomatenfleisch, ausgepreßtem Knoblauch, Öl und wenig Salz eine halbe Stunde ziehen lassen. Der Dreh ist: Diese *salsa* darf nicht zu flüssig werden – man kann sie mit etwas Tomatenmark aus der Tube binden. Aber dann schmeckt ein Klacks davon auf knusprig heißem Sauerteigbrot hinreißend.

◁ Bruschetta mit *salsa pomodoro crudo,* Rezept siehe oben

Crostini

Das ist die feinere toscanische Spielart der alten Gabe von Brot und Salz. Der Unterschied: Es handelt sich einmal um zarte Schnitten von mildem ungesalzenem Weißbrot, und die werden zweitens nach dem Toasten nochmals mit der Auflage überbakken und ebenfalls heiß gereicht. Der Bequemlichkeit halber verwende ich dazu ein ausgesuchtes Toastbrot, das diagonal zu Dreiecken geteilt wird. Der Aufstrich kann ein würziges Haschee von Geflügelleber mit Schalotten und Thymian sein, eine zarte Farce von Kalbshirn mit Salbei oder eine gepfefferte Paste von Thunfisch mit Eigelb – es darf phantasievoll komponiert werden. Auch, etwas ausgefallen, *alla napoletana.* Das ist ein besonders rasch bereiteter Appetithappen, den man normalerweise aus dem Vorrat bestreiten kann.

Toastbrot
Mozzarella aus der Packung (à 200 g)
Duftende Tomaten
Pfeffer und Oregano
Butter und Olivenöl

Sie können frische oder getoastete Brotscheiben verwenden; ich ziehe letztere wegen der festeren Grundlage vor. Auf jeden Fall werden sie mit Butter bestrichen und schräg halbiert. Darauf kommt eine ordentliche Scheibe Mozzarella und eine etwas kleinere, quer zur Blüte geschnittene dicke Scheibe Tomate. Mit Pfeffer bemahlen, mit Öl beträufeln, mit Oregano bestreuen. Dann auf einem warmen und leicht gefetteten Blech in den vorgeheizten Ofen (220 Grad) schieben und einige Minuten überbacken oder übergrillen.
Eine Empfehlung zur Bequemlichkeit: Das Blech zuvor mit Alufolie ausschlagen, darauf können Sie adrett und heiß servieren.

Lachsschnitten

Eine gute Scheibe Räucherlachs – es wird viel Minderware à la mode verkauft – schmeckt mit einem Tropfen Zitrone zu Melonenschnitten wie zu knusprig warmem Brot und sahniger Butter. Sie können diesen Gusto aber auch anders, zugleich raffinierter und preiswerter haben.

1 Baguette
200 g Räucherlachs
150 g Butter
1 Stengel Estragon
Zitrone und weißer Pfeffer

Geschnittenen Lachs, handwarme Butter und gehackte Estragonblättchen verarbeitet man von Hand oder behutsam im Mixer zur Crème, die mit etwas Zitronensaft und frisch gemahlenem Pfeffer abgeschmeckt und sahnig gequirlt wird. Im Kühlschrank ruhen lassen. Das Baguette – vom Vortag oder feucht abreiben, damit die Kruste nicht so splittert – schräg in dünne Scheiben schneiden. Toasten, heiß mit kalter Lachsbutter belegen oder bestreichen und auf warmer Platte knusprig auftragen.

Tofu im Sesam

Der nährstoffreiche Quark aus Sojabohnen findet auch bei uns immer mehr Liebhaber. Und wer da behauptet, das sei eine fade Sache, wird von diesen fritierten Würfeln überrascht sein. Die frisch verpackte Ware erhalten Sie heute in jedem besseren Großmarkt.

250 g Tofu
2 Löffel Sojasauce
2 Löffel Reiswein
1 Eigelb
Mehl
2 Löffel Honig
3 Löffel Sesamsamen
Öl zum Ausbacken

Den Tofu-Ballen zerlegen Sie in schöne 2-cm-Würfel und übergießen diese in einer Schale mit der Marinade aus Sojasauce und Reiswein.
Unterdessen wird in einer ungefetteten Pfanne der Sesamsamen hell angeröstet.
Nun wenden Sie die abgetropften Tofu-Würfel im verquirlten Eigelb und bestäuben sie mit Mehl. Leicht angetrocknet werden sie jetzt in einem Teller mit angewärmtem Honig überzogen und dann in Sesam gewälzt, zuletzt in reichlich Öl rundum golden ausgebacken und heiß, warm oder kalt mit Stikkern serviert.

Gratinierte Kräuterchampignons,
Rezept Seite 23 ▷

Oliven im Mantel

Jeder Partygänger weiß es: Ein Kaltes Buffet kann auch warm sein. Da werden fritierte Bällchen, gratinierte Happen und ausgebakkene Stückchen geboten, die man genüßlich von Tafel und Tellerchen pickt. Das Prinzip wird dabei nicht durchbrochen. Die kleinen Köstlichkeiten sind vorher zubereitet und auf einer Platte in der Röhre leicht warm zu halten. Nicht gerade Stunden, sonst werden sie schal, aber eine schon.

- Gefüllte Oliven aus dem Glas
- 4 mehlige Kartoffeln
- 1 Täßchen Sahne
- 2 Eier
- 1 Tütchen geriebener Parmesan (75 g)
- Muskat und weißer Pfeffer
- Mehl und Semmelbrösel
- Öl zum Ausbacken

Kartoffeln garen, pellen und sofort durch die Presse drücken. Mit heißer Sahne, zwei Eigelb und dem Käse zum Teig verarbeiten, der mit frisch gemahlenem Muskat, Pfeffer und Salz abgeschmeckt wird. Eventuell noch etwas Mehl einkneten, damit ein fester Teig entsteht. Der soll auskühlen und wird dann zu einer Rolle von etwa 5 cm Durchmesser geformt.

Davon schneidet man Scheibchen ab und preßt sie als Mantel um die abgetropften, ganz trockenen Oliven. Die Bällchen mit Mehl bestäuben, durch gequirltes Eiweiß kugeln und in Semmelbröseln wälzen.

Sie sollen etwas antrocknen und werden dann portionsweise in einem Caquelon mit reichlich heißem Öl ausgebacken und durchgeschüttelt. Vier Minuten reichen jeweils. Dann tropfen sie auf Küchenkrepp im vorgewärmten Ofen ab und sind für das Buffet parat.

Zucchinibällchen

Wenn Sie schon beim Kugeln sind, können Sie gleich pürierte Zucchini dazu bereiten. Der besondere Reiz liegt im pikanten (festen) Schafskäse.

- 500 g Zucchini
- 2 mehlige Kartoffeln
- 1 Zwiebel
- 2 Eier
- 150 g Kaskaval (vom Balkan) oder Pecorino
- Muskat und Pfeffer
- Mehl und Semmelbrösel
- Öl zum Ausbraten

Kartoffeln und Zwiebel schälen, vierteln und mit den geputzten Zucchini in wenig Salzwasser fast gar dünsten. Abgießen, mit einem Stampfer gut zerdrücken oder im Mixer grob pürieren. Zwei Eigelb, den geriebenen Käse, Gewürze und so wenig Mehl einarbeiten, daß Sie den Teig gut zu nußgroßen Bällchen formen können. Die werden wieder mit Mehl bestäubt, in gequirltem Eiweiß und in Semmelbröseln gerollt und im heißen Öl rasch ausgebacken.

Wenn Sie einen hübschen Namen suchen, den Sie an die notwendigen Stickers heften können: Zucchini heißen griechisch *kolokytákja.*

Gratinierte Kräuterchampignons

(Abb. Seite 20/21)

Sie können sich den Spaß machen, diese gefüllten Pilze in Schneckenpfännchen zu gratinieren und zu servieren. Dann brauche ich nicht lange zu erklären, daß man mit der gleichen Kräuterbutter natürlich auch Schnekken mit oder ohne Gehäuse zubereiten kann.

- 2 Dutzend stattliche Champignons oder Egerlinge
- 1 Bund Petersilie
- 1 Bund Basilikum
- 1 Schalotte
- 2 Knoblauchzehen
- Weißer Pfeffer
- 150 g gesalzene Butter

Petersilie, Basilikum und Schalotte werden sehr fein gehackt. Die Butter auf Küchentemperatur erwärmen und mit dem Schneebesen schaumig schlagen. Die gehackten Kräuter, durchgepreßten Knoblauch und frisch gemahlenen Pfeffer unterziehen.
Pilzhüte trocken putzen und die Stiele ausbrechen. Die Hütchen mit der Kräuterbutter füllen und in eine Gratinform oder eben die Schneckenpfännchen setzen. Zwölf Minuten bei 220 Grad überbacken.
Es ist übrigens nicht nur bequem, sondern auch sehr schmackhaft, dazwischen Weinbergschnecken einzubetten. Dazu gehört – was ohnehin auf keiner kleinen Tafel fehlen darf – frisches und getoastetes warmes Pariser Brot, mit dem man die geschmolzene Butter auftupfen kann.

Pomodori gratinati

Goldäpfelchen, Paradeiser, überbacken – das sind die unvergleichlich duftenden Tomaten aus der Campania mit der Würze der Macchia. Der wahre Gusto hängt wirklich von der Ware ab – ihr Aroma muß schon aus der Schale in die Nase steigen, und das kommt bei unseren sterilen Treibhausfrüchten niemals vor. Doch wenn Sie die richtigen »Paradiesäpfel« erwischen, dann wird dies Rezept warm oder kalt zum *Amuse-Gueule* kulinarischer Offenbarung.

- 1 Dutzend köstliche Kugeltomaten
- 1 Knoblauchzehe
- 1 Bund Petersilie
- 1/2 Bund Basilikum
- Einige Blätter Minze
- 50 g Parmesan
- Semmelbrösel und Olivenöl

Die Tomaten werden liebevoll gewaschen und trocken gewischt. Dann schneidet man die Kappe mit dem grünen Stengelansatz ab und höhlt das Mark mit einem scharfen Löffel leicht aus. Davon müssen sie sich erholen, also stellt man sie beiseite.
Unterdes schält man den Knoblauch, schneidet ihn fein, zupft die Blätter von Petersilie, Basilikum und Minze darüber, walkt das mit dem Wiegemesser geduldig durch und mengt mit der Gabel frisch geriebenen Parmesan darunter, vielleicht auch ein bißchen gemahlenen Pfeffer und einige Salzkörner.
Diese Mischung wird jetzt zart in die Tomatenhöhlen gestrichen und mit Semmelbröseln bestreut. Dann setze ich die Paradeiser in eine leicht geölte Gratinform und beträufele ihr Füllsel mit gerade so viel Olivenöl *extra vergine,* daß sie glänzen. Und jetzt kommen sie bei 220 Grad in den Ofen, bis die Oberfläche knusprig anbräunt.

Das ist nicht nur eine Kleinkunstbühne mit geschickten manuellen und verbalen Darbietungen, Spaß und Unterhaltung, Kritik, Satire, Ironie und tieferer Bedeutung. Es ist auch – weniger streitbar, doch ebenso lustvoll – so definiert uns der Duden von 1960 verdienstvoll, eine »drehbare, mit kleinen Fächern oder Schüsselchen versehene Salat- oder Speiseplatte«. Das Ding – ich erinnere mich aus meiner Kindheit noch an die Drehplatten, wir hatten gleich zwei davon! – ist aus der Mode gekommen, war aber gar nicht unpraktisch. Und ein/e Kabarettist/in ist deshalb, zumindest sprachlich, noch kein Buffetier oder eine Kalte Mamsell, obwohl sie diese Berufsbezeichnung mit Witz und Vergnügen durchaus annehmen könnten, denn in beiden Fällen handelt es sich um physisches Amusement und sublimierten Genuß. Wenn das Kabarett gut ist. Und davon rede ich.

Ein Kabarett ist ein konzentriertes Buffett(chen), auf dem – drehbar oder nicht – kulinarische Aperçus und Appetizer in Schalen oder Kabinetten nebeneinander angerichtet und feilgeboten werden. Auch kleine Kunst darf nicht nur Tagwerk sein, muß frisch wirken und dennoch haltbar sein.

◁ Das bunte Kabarett (von links): Gefüllte Zucchiniblüten (Seite 30), Fenchel im Sud (Seite 27), glasierte Zwiebeln (Seite 26), marinierte Austernpilze (Seite 28), *Spinaci* (Seite 27), gefüllte Mangoldblätter (Seite 28) und gefüllte Weinblätter (Seite 30)

Zwiebeln, glasiert

Sie brauchen dazu die kleinen flachen Zwiebelchen mit der hellen Schale. Sie zu schälen bereitet etwas Mühe und Tränen; aber nur sie ergeben den mild-süßlichen Geschmack.

500 g zarte Zwiebeln
3 Löffel Butter
1 Löffelchen Zucker, Salz
3 frische Zweige Oregano oder Thymian

Zwiebeln schälen. In einer Kasserolle die Butter auslassen, die Zwiebeln darin wenden und mit dem Zucker und ein bißchen Salz bestreut nochmals wenden. Knapp mit Wasser auffüllen und kurz aufkochen. Kräuter auflegen, die Kasserolle mit Alufolie abschließen und den Deckel auflegen, eine halbe Stunde bei mittlerer Hitze köcheln. Die Bedeckung abnehmen und die Flüssigkeit zum Sirup einschmoren; dabei kann man nach Gusto noch ein wenig Zucker und ein paar Tropfen würzigen Weißwein, zum Beispiel Marsala oder Aleatico zugeben. Wenn die *cipolline* goldbraun glasiert sind, sind sie warm wie auch bei Zimmertemperatur echte Leckerbissen.

Fenchel im Sud

Die Fenchelknollen sollten nicht so groß, dafür aber noch ein wenig begrünt sein.

- 4–6 Fenchelknollen
- 1 Glas trockener Weißwein
- 1 Glas Wasser
- 1 Täßchen Olivenöl
- 4 Knoblauchzehen
- 1 Bund Petersilie
- 2 Lorbeerblätter
- Pfeffer und Salz

Dem Fenchel mit den zarten Stengeln das Grün abschneiden und dieses zusammen mit Wein, Wasser und Öl, ungeschälten Knoblauchzehen, kurzgeschnittenem Petersiliebüschel, Lorbeerblättern, Pfefferkörnern und wenig Salz zu einem Sud aufkochen, der zehn Minuten köchelt. Unterdessen die Fenchelknollen halbieren, putzen und in eine Kasserolle geben. Den Sud durch ein Sieb darüber gießen und den Fenchel unter dem Deckel bißfest garen – etwa eine Viertelstunde lang. Fenchel herausheben, abtropfen lassen und in eine tiefe Platte oder Servierform betten. Den Sud in der Kasserolle auf mindestens die Hälfte einkochen, abschmecken und über den Fenchel träufeln. Einige Stunden unter Wenden ziehen lassen.

Spinaci

Hier muß der italienische Name stehen, damit deutlich wird: Mit unserem zerkochten und zermanschten, ausgelaugten und schwachbrüstigen Spinat hat diese Blattpflanze nichts zu tun. Sie müssen die großblättrigen Büschel mit starken Stengeln wählen, die zur Wurzel hin rosig eingefärbt sind und auch in deutschen Landen endlich kultiviert werden. Vorm Schmutz darf man sich nicht scheuen – dann wird eben dreimal durchgewaschen.

- 1 Kilo Blattspinat
- Salz
- Olivenöl
- 4 Knoblauchzehen

Den Spinat kräftig und mehrmals auswaschen. Die Wurzeln, geknickte Stengel und marode Blätter entfernen. Den abgetropften Spinat in einen großen Topf schichten, dazwischen salzen, und unter dem Deckel rasch durchdünsten und wenden, bis er zusammengefallen ist. Rasch in ein Sieb schütten und ein wenig ausdrücken.
Knoblauch hacken und in viel Olivenöl hell andünsten – am besten in demselben großen Topf. Darin den warmen Spinat gut durchwenden und nach Geschmack mit Öl und frischem Pfeffer nachwürzen. Das schmeckt mit kleinen Gabeln aufgepickt heiß, warm und kalt.
Sizilianische Variation: Heiß geweichte und gewaschene Rosinen und Pinienkerne unterziehen.

Austernpilze, mariniert

Eine Mengenangabe ist hier besonders schwierig, denn die meisten futtern diese Delikatesse, als sei sie ein Hauptgang. Und ihre Zubereitung erfordert einiges Feingefühl, denn die Happen dürfen nicht schwimmen – sie ziehen schnell Feuchtigkeit! – sondern sollen sanft ölig locken.

- Austernpilze
- Olivenöl
- Petersilie
- Knoblauch
- Pfeffer

Pilze putzen und in gabelgerechte Happen zupfen. Petersilie und Knoblauch miteinander wiegen und pfeffern. Pilze mit dieser Mischung bestreuen und mengen. In eine Gratinform geben und mit Öl besprenkeln, mit Alufolie gut schließen. Bei 180 Grad in den vorgeheizen Ofen. Nach 15 Minuten herausnehmen und noch bedeckt abkühlen bis zur Handwärme. Mit Salz und Öl nachwürzen und servieren.

Mangold, gefüllt

- 2 Dutzend Mangoldblätter
- 1 Handvoll Walnußkerne
- 200 g Ziegen- und Schafskäse
- Frischer Pfeffer
- Sonnenblumenöl

Mangold gut waschen. Die Blätter an den Stielen in siedendem Salzwasser blanchieren. Stiele kappen und die dicken Rippen flach schneiden. Die Blätter ausgebreitet trocknen.
In der Zwischenzeit hacken Sie die Nüsse, zerdrücken den herben oder milden Käse – Auswahl nach Geschmack! – mit einer Gabel, mischen die Nußbrösel darunter und schmecken mit Pfeffer ab. Je ein Löffel davon kommt auf die Mangoldblätter und wird eingeschlagen. Die Päckchen setzen Sie in eine Gratinform, beträufeln sie mit Öl und schieben sie eine Viertelstunde bei 160 Grad in die Röhre. Abkühlen, aber noch warm auftragen.
Wenn Sie die Mangoldpäckchen etwas schärfer mögen, servieren Sie diese mit Peperonischeibchen bestreut (siehe nebenstehende Abbildung).

Zucchiniblüten, gefüllt

Gefüllte Zucchini- oder Courgettesblüten sind rund ums Mittelmeer eine beliebte Delikatesse. Die Zucchinipflanze gedeiht auch in unseren Gärten – also steht dem zarten Genuß nichts im Wege, bis auf die eine Bedingung: Die Blüten müssen absolut frisch sein!

Pro Person 3–4 Blüten
1 Brötchen oder 2 Scheiben Weißbrot ohne Rinde, etwas lauwarme Milch
2 kleine Zwiebeln, Olivenöl
1 Knoblauchzehe
1/2 Bund glattblättrige Petersilie
1/2 Bund Minze
1 Tasse gekochter Rundkornreis
1 Ei, Salz und Pfeffer
evtl. 1 Prise Zimt

Die Zucchiniblüten können Sie entweder ganz rasch in kaltem Wasser waschen und abtropfen lassen oder sekundenschnell blanchieren. Brötchen oder Weißbrot in Würfel schneiden und in Milch einweichen.
Die Zwiebeln hacken Sie sehr fein, schwitzen sie in Olivenöl an und pressen den Knoblauch dazu; etwas abkühlen lassen. Petersilie und Minze wiegen Sie fein und vermischen alle Zutaten in einer Schüssel. Gewürzt wird mit Salz und Pfeffer und wenn Sie mögen, mit etwas Zimt.
Nun füllen Sie die Blüten nicht zu prall und drehen die Spitzen der Blütenblätter vorsichtig zu, damit nichts herausquellen kann.
Sie legen die Blüten in eine mit Olivenöl ausgefettete feuerfeste Form und backen das Gericht bei Mittelhitze in 15 bis 20 Minuten gar (evtl. gegen Ende der Backzeit mit Alufolie abdecken). Und dann heiß zu Tisch mit geröstetem Weißbrot!

Weinblätter, gefüllt

Zu den ölig oder herb angerichteten Appetit-Happen *à la nature* passen einige gefüllte *amuse-gueules* sehr gut, damit der Gaumen ein wenig verweilen kann.

2 Dutzend Weinblätter (Glas oder Dose)
3 Schalotten, Olivenöl
1 Tasse Reis
1 Handvoll Korinthen
1 Handvoll Pinoli (Pinienkerne)
1 Handvoll Kräuter: Estragon, Dill, Petersilie
1 Zitrone

Die eingelegten Weinblätter gießen Sie ab und lassen sie in reichlich lauwarmem Wasser quellen.
Unterdessen werden die Schalotten geschält, fein gehackt und in Öl gedünstet. Sobald sie Farbe annehmen, zieht man Reis darunter; ich bevorzuge die italienische Sorte *arborio*, sie garantiert die schönste Konsistenz. Dann wird eine Tasse Salzwasser untergezogen, aufgeköchelt und unter dem Deckel ausgedünstet. Die Korinthen spülen Sie im Sieb unter heißem Wasser und mischen sie mit den Pinienkernen unter den Reis.
Jetzt werden die Kräuter gewaschen, gezupft und mit dem Wiegemesser zerkleinert. Reis von der Platte nehmen, Kräuter untermengen und etwas abkühlen lassen.
Mit einigen abgetropften Weinblättern legen Sie einen flachen Caquelon aus.
Auf die anderen geben Sie je einen Löffel Kräuterreis, schlagen die Ränder darüber und setzen die Päckchen dicht bei dicht in den Caquelon. Mit Zitronensaft und Öl begießen, mit Alufolie abdecken und eine halbe Stunde bei mittlerer Hitze im Ofen garen. Bei Zimmertemperatur servieren – hält aber auch einige Tage.

DAS SEKTFRÜHSTÜCK

ist bei gehobenen Empfängen, kleinen Konferenzen, überraschenden Besuchen und »spontanen« Einladungen unter Nachbarn aller Klassen und Tageszeiten zur Mode geworden. Keine schlechte Mode, wenn der Sekt oder Champagner gut ist und die Beilage leicht und fein. Einige Klassiker passen natürlich; aber das Kabarett ist zu eigenwillig. Darum noch ein paar besondere Anregungen, damit es nicht bei Nüßchen und Stengelchen bleibt, die der Macht des perlenden Weines denn doch zu trivialen Widerstand bieten.

Asparagi in salsa

(Abb. Seite 32/33)

1 Kilo Spargel
4 Eier
6 Löffel zartes Olivenöl
2 Löffel Sherryessig
Frisch gemahlener Pfeffer und Salz

Die Spargelstangen müssen Sie großzügig schälen und knapp bedeckt in Salzwasser – vielleicht mit einem Klacks Butter – gar ziehen lassen. Nicht sprudelnd kochen, das tötet die Finesse!
Die Eier werden im Kocher auf »mittel« zubereitet, mit weichem Kern also, und dann im Schneider sehr fein zerteilt. Dies Gemengsel rühren Sie behutsam und langsam mit Öl und Essig auf und schmecken die *salsa* mit Pfeffer und Salz zart ab.
Die Spargeln sollen gut abtropfen, werden auf eine Platte gebettet und noch warm mit der Sauce übergossen, die ein wenig einziehen soll.

Eiertomaten

4 Fingertomaten
4 Eier
Olivenöl
Aceto balsamico (Balsam-Essig)
Pfeffer und Salz
1 Bund Oregano oder Basilikum

Eier hart kochen, kalt abschrecken und mit dem Schneider in Scheiben schneiden. Tomaten quer zu etwas dickeren Scheiben schneiden und auf eine Platte setzen. Mit einigen Tropfen Öl und einem Tropfen Essig beträufeln, mit Pfeffer und Salz bemahlen. Je eine Scheibe Ei aufsetzen. Kräuter hacken und darüber streuen. Mit Stickers und Crakkers anbieten, die als knuspriger Untersatz dienen. Servietten sind dennoch ratsam.

Lachstatar

(Abb. Seite 36/37)

300 g frischer Lachs
1 Schalotte oder Frühlingszwiebel
1 Dutzend Blättchen Basilikum
3 Löffel Olivenöl
1 Löffelchen Zitronensaft
Weißer Pfeffer, grob gemahlen

Das rohe Lachsfleisch müssen Sie sorgfältig von Haut, Fett und Gräten befreien und mit einem sehr scharfen Messer sehr fein würfeln. Die Zwiebel wird noch kleiner geschnitten, das Basilikum in kurze Streifchen, und alles vorsichtig gemischt.
Aus Öl und Zitrone mit etwas Pfeffer eine Marinade aufschlagen und auf das Tatar träufeln.
Zu kleinen Stückchen warmem Toast servieren.

Delizie delle Langhe

Diese Köstlichkeit stammt aus dem Piemont. Sie kostet wenig Mühe, aber die teuersten Zutaten. Lassen Sie sich vom Titelbild verführen!

- Rinderfilet
- Olivenöl
- *Parmigiano*
- Trüffel
- Wiesenchampignons
- Zitrone
- Weißer Pfeffer

Sie kaufen das feinste Stückchen Rinderfilet, welches Sie finden können. Das frieren Sie ein wenig an, damit es sich in hauchzarte Scheibchen schneiden läßt. Diese Scheibchen beträufeln Sie mit dem besten ligurischen Olivenöl *extra vergine* und lassen es einige Stunden einwirken. Natürlich haben Sie einen Trüffelhobel. Mit dem hobeln Sie darauf – nicht viel – edelsten, alten, tränenden Parmesankäse und höchstens ein oder zwei Knöllchen Trüffel, am besten weiße. Ebenso frische Champignons, dann wird es mehr. Das wird behutsam gemischt und auf einer Platte mit wenigen Tropfen Zitrone und weißem Pfeffer besprenkelt. *Delizie,* eine Kleinigkeit. Ganz kleine Gäbelchen dazu reichen!

Schinkenröllchen

- 8 Scheiben feiner Kochschinken
- 3 Eier
- 2 Löffel weißer Weinessig
- 1 Löffelchen Dijon-Senf
- 4 Löffel Öl
- 1 Bund Schnittlauch
- Pfeffer und Salz

Die Eier hart kochen und fein schneiden. Essig mit Senf, Pfeffer und Salz aufschlagen und mit dem Öl langsam sämig rühren. Schnittlauch zu Röllchen schneiden, die zum größeren Teil mit den Eiwürfeln unter die Vinaigrette gehoben werden.
Diese Sauce streicht man jetzt nicht zu dick auf die Scheiben gekochten Schinkens, rollt dieselben auf und schneidet sie, je nach Länge, mit einem scharfen Messer in zwei oder drei Stücke. Die werden mit Stickers gestickt und dem restlichen Schnittlauch bestreut auf einer Platte kredenzt.

◁ Asparagi in salsa, Rezept Seite 31

DIE WEINRUNDE

verträgt natürlich so gut wie jede Vorspeise oder Zukost – im Zweifelsfall richtet sich der Wein nach der Beilage. Doch ich habe eine bestimmte Weinrunde vor Augen. Die Lokalgänger, die für ein rasches Glas an der Theke oder an Bistrotischen stehen; die sympathischeren Geschäftspartner, mit denen man sich freiwillig zu einem kleinen Schwatz verabredet; die Nachbarn, die man klugerweise in einer Zwischenzeit zum netten Umtrunk bittet; oder die Freunde, die unverhofft und gern geladen hereinschneien und bald verschwinden. Leute, die sich rasch mit Lust und Durst und Laune zu einem Glas kräftigen Landwein treffen, einem herben Roten oder einem frischen Weißen. Ein Stück Brot dazu, klar, Oliven, Nüsse, Birnen, freilich. Aber was könnte man, dazu passend, deftig und deutlich, noch vorrätig haben oder rasch bereiten?

Tapas de Cebollas

- 3–4 milde weiße Zwiebeln
- 4 Toastschnitten
- Butter
- Mayonnaise
- 100 g Manchego oder Provolone

Die Zwiebeln schneiden Sie in dünne Scheiben und belegen damit die gebutterten Toastschnitten, sie werden mit Mayonnaise überstrichen, auf die Sie dann reichlich Schafskäse raspeln.
Die Schnitten auf ein Blech setzen, ein- oder zweimal diagonal durchschneiden und bei 200 Grad im Ofen oder unter dem Grill goldgelb überbacken.

Polipo

Sie können das Ding auch *oktapódi* nennen – auf jeden Fall handelt es sich nicht um Calamare oder Tintenfische, sondern um eine große fleischige Krake. Die muß sehr gut geputzt und gewaschen werden und kocht dann zwei Stunden in reichlich Wasser. Da lohnt ein Schnellkochtopf: Er schafft das in einer halben Stunde.

- 1 Polyp, frisch vom Eis oder tiefgefroren
- Frische Petersilie und getrockneter Oregano
- Olivenöl und Zitronensaft
- Pfeffer und Salz

Korpus und Fangarme des sorgfältig geputzten Polyps werden gegart, bis das Fleisch sich weich einstechen läßt. Dann schneidet man es in würfelgroße Happen. Die gezupfte Petersilie wird mit dem getrockneten Oregano fein gewiegt und unter den zerteilten Polyp gemischt. Mit Zitrone und Öl, Pfeffer und Salz würzen und lange ziehen lassen.

Mozzarella impanata

- 1–2 Päckchen Mozzarella
- 2 Eigelb
- Semmelbrösel
- Olivenöl

Den Käse gut abtrocknen, halbieren und in ordentliche Scheibchen schneiden. Die werden rasch in Eigelb und ausgiebig in Semmelbröseln gewendet und in einer Pfanne mit heißem Öl kurz beidseitig angebraten. Auf eine Platte mit Serviette geben und warm offerieren.

Lachstatar, Rezept Seite 31 ▷

Taramo

Diese Paste wird in Griechenland aus rötlichem Karpfenrogen bereitet. Ich ersetze ihn durch Lachsrogen.

100 g Keta-Kaviar
1 Scheibe Weißbrot
1 Knoblauchzehe oder Schalotte
1 Täßchen Olivenöl
Zitrone
Weißer Pfeffer und frischer Dill

Brotscheibe entrinden und einweichen. Fischeier in einem großen Mörser zerquetschen. Knoblauch oder Schalotte – das ist Geschmack- und Geruchsache – dazu pressen. Brot ausdrücken und einstampfen. Langsam kräftiges Olivenöl einrühren. Mit etwas Zitronensaft, frisch gemahlenem Pfeffer und ganz wenig Salz abschmecken und den grob gehackten Dill unterziehen. Kühl servieren.

Garnelenpaste

150 g Garnelen (tiefgefroren)
1 Löffelchen Koriandersamen
1 Knoblauchzehe
100 g gesalzene Butter
3 Löffel Crème fraîche
Petersilie
Cayennepfeffer

Die Garnelen werden auf Küchenkrepp aufgetaut. In der Zeit können Sie den Koriander im Mörser zermalmen, den Knoblauch schälen, die Petersilie zupfen und die Butter in einer Kasserolle bei leichter Hitze auslassen. Der zerstoßene Koriander und der ausgepreßte Knoblauch geben der heißen Butter einige Minuten Würze, bevor Sie die abgetrockneten Garnelen darin wenden und wärmen. Jetzt pürieren Sie das ganze im Mixer, geben mit weiteren kurzen Rührstößen die Petersilie und die Sahne hinzu und schmekken die Paste mit Cayennepfeffer ab. In adrette Servierformen gießen, in den Kühlschrank stellen und kalt mit warmem Toast reichen.

Fagioli al tonno

300 g weiße oder braune Bohnen (Dose)
200 g Thunfisch im Öl
1 rote oder weiße Zwiebel
1 Knoblauchzehe
Einige Stengel Basilikum
Pfeffer und Salz
Olivenöl

Stilgerecht wählt man natürlich italienische Bohnen der Sorte *borlotti.* Auch beim Thunfisch sollten Sie auf Qualität achten: Der mit dem hellen, festen Fleisch ist am besten, auch in Salzwasser eingelegt. Bohnen in ein Sieb geben, abduschen und abtropfen lassen. Den Saft vom Thunfisch abgießen und das Fleisch wenig auspressen. Die Zwiebel in Ringe schneiden, Knoblauch fein hacken, Basilikumblättchen in Streifen. Alles gut mischen, Pfeffer und Salz darüber mahlen und mit drei, vier Löffeln Olivenöl beträufeln.

AM BIERTISCH

geht es deftiger zu und geht eine zarte Beikost leicht unter – vergeudete Liebesmüh. Aber ein bißchen mehr als Salzletten und Kartoffelchips oder Laugenbrezel mit Butter sollte es schon sein. Kleine, krosse, kalte Buletten mit Senf zum Beispiel. Frische Radieschen. Oder ein Sortiment von Eiern als harte Grundlage.

Soleier

1 Dutzend Eier
1 l Wasser
6 Löffelchen Salz

Die Eier werden angepickt und hart gekocht, dann unter kaltem Wasser abgeschreckt und noch warm auf dem Küchentisch gerollt, so daß die Schale platzt und mürbe wird, aber das Häutchen darunter intakt bleibt.
Inzwischen ist der Liter Wasser mit dem Salz gut durchgekocht und muß erkalten. Die Eier setzen Sie in ein großes Glas und gießen die Sole zu, bis sie bedeckt sind.
Zwei, drei Tage müssen sie schon lagern, bevor die Soleier mit Senf, Ketchup, Chili, Chutney und anderen Würzsaucen auf den Tisch kommen und geschält werden. Kenner halbieren sie längs, picken den Dotter heraus, füllen die Höhlung mit Würzung, setzen das Eigelb wieder auf und vernaschen den Happen mit, maximal, zwei Bissen.

Bojareneier

8 Eier
3 Löffel Butter
1 ungespritzte Zitrone
1 kleiner Bund Dill
1 Löffelchen Dijon-Senf
100 g Kaviar

Die Eier wie üblich hart kochen, kalt abschrecken, schälen und längs halbieren. Die Eidotter vorsichtig auslösen, durch ein Sieb streichen und mit der weichen Butter verquirlen.
Zitrone waschen, die Schale fein abreiben und in die Dottercrème rühren. Zitrone in feine Scheiben schneiden und auf einer Platte verteilen.
Den Dill zupfen und hacken und mit dem Senf unter die Crème ziehen, die in einen Spritzbeutel gefüllt und in den Kühlschrank gelegt wird.
Jetzt müssen Sie nur noch die Eiweißhälften unten kappen, auf die Zitronenplatte setzen, mit je einem Löffelchen Kaviar füllen und einen Tupfer Crème drauf setzen: Das wird sehr kalt, also direkt aus dem Kühlschrank aufgetragen, weil es der Kaviar so will.
Und man braucht zu diesem Bojarenmahl schon ein edles Pils und einen eisbeschlagenen Wodka.
Geräucherter oder marinierter Fisch paßt auch dazu, Gurken und eingelegter Kürbis, Hartwurst und Rauchschinken, Blinis und noch mehr Kaviar mit fester saurer Sahne – und schon wird aus dem Biertisch eine solenne russische *Zakouska.*

Bojareneier, Rezept siehe oben ▷

Polmos
POLAND
0,5 l
Product of Poland
RASOVKA

Die Früchte des Feldes

Antipasti und Gemüse – nein, das paßt eigentlich nicht zusammen. Es klingt in unserer Sprache schon so ungeheuerlich, und so war es auch gemeint. Im Althochdeutschen war *muos* die Speise schlechthin, das Mus, Hirse, Dinkel und so. Bei Luther ist *gemüese* ein Brei aus gekochten Pflanzen. Hundert Jahre später erwischte die Bezeichnung die unschuldigen Feldfrüchte direkt, und so wurden sie in deutschen Küchen dann auch bis in die Neuzeit behandelt: Gekocht, geschnipselt, zerstampft, zermanscht, mit Mehlschwitze eingepampt. Nicht nur der Geschmack geht dabei bis zur Unkenntlichkeit verloren, auch die Nährwerte, Vitamine und Enzyme sind dahin.

Dabei kann man mit den feinen Früchten des Feldes alles mögliche machen: sie roh essen oder blanchieren, dünsten oder schmoren, mit Teig umhüllt oder mit Kruste geschützt sogar braten, backen oder fritieren. Nur eines darf man nicht: sie kochen. Und mit je weniger Flüssigkeit man sie gart, desto besser bewahren sie ihren Charakter. Das gilt für Spinat und Spargel ebenso wie für Kohl und Kartoffeln.

Damit sind wir schon wieder bei den Namen. Die meisten dieser köstlichen Pflanzen stammen aus südlichen Zonen, des Mittelmeeres oder beider Amerika, und sind bei uns über die romanischen Länder eingewandert. Und mit wieviel Geschmack und Zartgefühl hat man sie dort kultiviert, benannt und behandelt! Das klingt schon ganz anders, leicht und luftig, nach duftenden Blumen statt deftigem Gemüse: Artischocken oder Carciofi, Auberginen oder Melanzane, Cavolfiore und Cipolli, Fagiolini und Fave, Finocchio oder Fenouil, Lentilles und Lampasciuni*, Peperoni und Patate, Pomodoro und Radicchio, Rugolo (Rucchetta) und Zucchini und Funghi…
Da machen schon die Namen Appetit, eine Ahnung von Würze und Fülle steigt auf und die Erkenntnis: Die Früchte des Feldes und die zarten Vorspeisen passen sehr wohl zusammen, ja, sie entfalten miteinander erst so recht ihre sinnenanregende, leichtsinnige Eigenart. Wenn man sie zart und einfühlsam behandelt.

* Lampasciuni (Lampagioni) ist eine zwiebelartige, leicht bittere Knollenfrucht (wilde Zwiebel) aus der Gegend von Bari.

Das ist nun eine Frage des Umgangs, und dafür gibt es ein paar Verhaltensregeln.

- *Regel eins:* Das Produkt des Landes, aus deutschem oder anderem, muß absolut frisch sein und erster Qualität. Auf Dauer schafft man das nur, wenn man den nahen Gemüsehändler permanent triezt oder widrigenfalls wechselt. Die Folgen solchen praktizierten Qualitätsbewußtseins sind bei Herstellern und Handel schon zu spüren: Ihre Ware sieht nicht mehr nur schön aus, sondern sie beginnt allmählich wieder den wahren Geschmack anzunehmen. Denn Schönheit allein verbürgt noch lange keinen Wohlgeschmack. Der Kenner läßt sich eher von Duft und Knackigkeit als einer makellosen Schale verführen.
- *Regel zwei:* All diese Feldfrüchte gehören liebevoll geputzt und sortiert und so rasch wie gründlich gewaschen. Blattsalate soll man trocken schleudern, sie reagieren dann besser auf die Saucen. Und bei Pilzen ersetzt der Küchenkrepp das Waschwasser, sonst saugen sie es auf.
- *Regel drei:* Die Früchte des Feldes müssen mit Biß und Eigenart, also gewissermaßen naturbelassen serviert werden. Pflanzen haben eine zarte Struktur und ein empfindliches Innenleben, auch wenn man das Kohl und Rüben nicht gerade ansieht. Durch Kochen und überhitztes Schmoren werden sie zerstört und ausgelaugt. Die Kunst – und der Wohlgeschmack – besteht darin, sie kalt, warm oder heiß gerade so auf den Tisch zu bringen, daß sie *au point* mariniert, gedünstet oder überbacken sind: im Kern ganz eigen. Den Gesellenbrief erwerben Sie mit Gerichten wie Salade niçoise oder Minestrone, bei denen unterschiedlich gegarte Früchte kombinert werden.

Oder Sie versuchen es gleich mit zart gedünsteten Gemüsen, die kalt oder warm mit ihrer reduzierten Sauce aus dem *Court-Bouillon* auf einer Platte kredenzt werden.

Crudités chauds

Dazu verwenden Sie eine Auswahl fester Saison-Gemüse: Möhren und Kohlrabi, Fenchel und Bleichsellerie, Blumenkohl und Brokkoli, Paprika und Gemüsezwiebel, Champignon und Austernpilze...
Die schneidet man, geputzt, in handliche Streifen, Schnitze und Röschen, die sich mit einem Sticker zum Mund führen lassen, vulgo: munden. Zuvor aber garen sie – in der richtigen Reihenfolge! – *au point* in einem Court-Bouillon, bestehend aus

1 Glas trockener Weißwein
1 Schuß Olivenöl
1 Petersilienwurzel mit Grün
Lorbeerblätter und Thymian
Pfefferkörner und Salz

Diese Marinade lassen Sie zehn Minuten durchköcheln. Dann nehmen Sie das Grünzeug heraus, gießen ein weiteres Glas Wein zu und fügen nacheinander die Crudités hinzu, um sie bißfest zu garen.
Mit dem Schöpflöffel herausnehmen, auf einer Platte warm halten. Bouillon zur Sauce einkochen, nachwürzen und zum Dippen oder Aufwischen in die Platte gießen.
Zwei Tips zur Bereicherung:
Die Sauce wird ziemlich rasant, wenn man zwei oder drei Anchovisfilets und Knoblauchzehen zermörsert und darunter zieht.
Und die Platte wird zum Gesamtkunstwerk, wenn Sie den Rand mit feinen Streifen von meeresfrischem Lachs oder Brassen belegen, die mit Zitrone beträufelt sind.

DIE KALTEN SCHALEN

Ich weiß, das ist Küchen-Einmaleins und eine Banalität. Aber inzwischen vermehren ja hochleistende Computer unsere mathematischen und hochmögende Menu-Programme unsere kulinarischen Grundkenntnisse. Deshalb sei es in Erinnerung gebracht: Die einfachste und köstlichste Art, jeglichen Blattsalat zu bereiten, ist die Begleitung durch eine *Vinaigrette.* Und der Reiz ist noch größer geworden, nachdem so umhüllt, nicht nur der obligatorische Kopf- und Endiviensalat, sondern auch Lollo rosso und Batavia, Eichblatt und Radicchio, Rucchetta und all die feinen Verwandten zur Verfügung stehen, alleine oder sich ergänzend.

1 Löffel Weinessig oder gar – etwas weniger – alter Aceto balsamico
Frisch gemahlener Pfeffer und eine Prise (frisch gemahlenes) Salz
3 Löffel feines Öl – von Oliven, Nüssen oder Disteln

Das ergibt nacheinander aufgeschlagen die so simple wie delikate Mischung.

nenne ich, was gemeinhin als Salat bezeichnet wird. Die Römer – und da kommt unser Ausdruck her – nannten das *herba salata*: gesalzene Gräser und Kräuter, mit Essig und Öl besprenkelt. Mit den Gräsern und Kräutern müssen wir es nicht so genau nehmen; aber sie sind eine attraktive und würzende Beigabe, die der Kenner mit Genuß und Vorfreude auswählt. Petersilie paßt fast immer. Schnittlauch, Borretsch, Kerbel, Dill sind ziemlich »herbae«, wirken streng. Minze, Salbei oder Estragon sind frisch sehr intensiv und rasch zu schmecken, Thymian und Oregano leicht und flüchtig. Und die duftende Königin Basilikum, möglichst kräftige Blätter in feine Streifen geschnitten, dürfen Sie erst zuletzt unterheben, sonst geht ihr einzigartiges Aroma verloren.

◁ Austernpilze auf Blättern, Rezept Seite 47

Champignonsalat

500 g Champignon oder Egerlinge
Zitrone
Dijon-Senf
Rosenpaprika, Pfeffer und Salz
6 Löffel Sonnenblumenöl
Schnittlauch
2 Scheiben Toastbrot

Sie sollten feste Pilze mit geschlossenen Köpfen verwenden. Die werden mit Küchenkrepp geputzt, dann die Stiele ausgebrochen – diese geben nur bei frischen Wiesenchampignons etwas her. Die Hüte quer in nicht zu dünne Scheiben schneiden und mit Zitronensaft beträufeln, damit sie nicht bräunen.

Das Eigelb mit etwas Senf, Paprika, frisch gemahlenem Pfeffer und Salz verquirlen und langsam mit dem Öl zu einer glatten, fließenden Mayonnaise verrühren. Mit Zitronensaft abschmecken.

Schnittlauch in Röllchen schneiden. Toastbrot würfeln und in der Butter knusprig bräunen. Jetzt rasch, aber behutsam die Pilze mit der Mayonnaise mischen, in einer Schale mit Schnittlauch überstreuen und die warmen Brotwürfel darüber geben.

Austernpilze auf Blättern

(Abb. Seite 44/45)

400 g Austernpilze
2 Knoblauchzehen
5 Löffel Olivenöl
200 g Rucchetta (Rauke) oder andere kleine Blattsalate
Zitrone
Weißwein
1 Bund Basilikum
Pfeffer und Salz

Die Austernpilze trocken putzen und zerteilen, harte Stiele wegschneiden. Knoblauch schälen und in dicke Scheiben schneiden, die in heißem Öl angeschmort werden, ehe man die Pilze zufügt und unter Wenden rasch andünstet. Aus der Pfanne in ein Sieb geben und den abgetropften Saft zurück in die Pfanne. Salat und Basilikum putzen, zupfen, waschen und trocken schleudern. Die Hälfte des Basilikums mit den Salatblättern auf einer Platte ausbreiten, die übrigen Blättchen in Streifen schneiden. Die Pilze darauf verteilen.

Den Bratsaft in der Pfanne einbrutzeln, mit etwas Zitronensaft und Wein zur Sauce aufkochen, die mit Pfeffer und Salz – eventuell noch Öl? – abgeschmeckt und warm über die Pilzblätterplatte gegossen wird. Mit Basilikum bestreuen und auftragen.

Wenn Sie es pikanter mögen, können Sie mit dem Bratsaft noch zwei Anchovis-Filets aufköcheln und zur Sauce verrühren.

Insalata d'arancia und *Fave in salata*,
Rezepte Seite 50 ▷

Fave in salata
(Abb. Seite 48/49)

Dazu braucht man dicke weiße oder grüne Bohnen, Saubohnen, deren mehlige Substanz, zwischen den Zähnen zermalmt, sich erst richtig erschließt. Natürlich sind erntefrische Bohnen aus der Hülse und zwanzig Minuten unter Simmern gegart am feinsten. Doch Sie können auch gute Dosenware verwenden, die zuvor kalt gespült und von unansehnlichen Schalen und Bröckchen befreit wird.

300 g dicke Bohnen
1 Schalotte
1 Knoblauchzehe
4 Löffel Olivenöl
1 Löffel Weinessig: Aceto balsamico
Pfeffer und Salz
Einige Blätter Minze

Schalotte und Knoblauch werden sehr fein gehackt und mit den abgetropften Bohnen vermischt.
Aus Öl und Essig, Pfeffer und Salz schlagen Sie eine Marinade auf, die Sie mit der streifig geschnittenen Minze unter die Bohnen ziehen und in eine Schale füllen. Ein paar weitere Minzeblätter darauf locken als Duft und Dekoration.

Insalata d'arancia
(Abb. Seite 48/49)

Diese Offerte kann mit einem kräftigen Weißwein zum Überraschungssieger Ihrer Tafel werden. Möglichst kernlose Orangen und sehr milde Zwiebeln sind die Voraussetzung.

4 Orangen
1–2 Zwiebeln
1 Handvoll schwarze Oliven
Olivenöl *extra vergine*

Die Apfelsinen sorgfältig schälen und quer in zarte Scheiben schneiden, die leicht überlappend auf einer Platte dekoriert und mit frisch gemahlenem weißen Pfeffer überstäubt werden.
Darauf verteilen Sie mit einem Gurkenhobel dünne Zwiebelscheiben und beträufeln sie nicht zu geizig mit bestem Olivenöl. Die Oliven setzen einen zusätzlichen Akzent und sind leichter zu bewältigen, wenn sie vorher entsteint und halbiert werden.

Tzatziki

(Abb. Seite 116/117)

Man möchte es nach manch allzu intensiven Erfahrungen in griechisch drapierten Fast-Food-Imbissen kaum glauben: Tzatziki ist eine leichte und bekömmliche Gurkenspeise für heiße Tage. Sie gewinnt, wenn Sie statt der meist treibhausgeschädigten schlaffen Schlangengurken kompakte Gurken aus dem Garten verwenden.

- 2 Gärtnergurken
- Salz
- 1–2 frische Knoblauchzehen
- 250 g Sahnequark (40%)
- 3 Löffel deftiges Olivenöl
- 1 Löffel Apfelessig
- Pfeffer

Die Gurken schälen, längs halbieren und mit einem Löffel das Kerngehäuse auslösen. Das Fruchtfleisch grob raspeln oder schneiden, in einem Sieb mit Salz bestreuen und ziehen lassen.

Den Knoblauch – da sind die saftigen großen Knollen nicht zu übertreffen! – häuten und sehr fein schneiden. Mit Quark und Öl und Essig und mildem weißem Pfeffer verquirlen und eine halbe Stunde kühl stellen. Das Gurkenfleisch gut ausdrücken, mit der sahnigen Marinade mischen und gleich auftragen.

Sie können dem ganzen noch einen aparten Kick geben, indem sie einige geschnitzelte grüne Oliven unterziehen und/oder Minzestreifen drauf streuen.

Schopska salata

Bei dieser Balkan-Spezialität scheint mir die bulgarische Variante besonders reizvoll, weil sie den Goût des herben Schafskäses so gut verteilt.

- 1 farbige Paprikaschote
- 1 weiße Zwiebel
- 1 Gärtnergurke
- 3 Tomaten
- 1 Handvoll schwarze Oliven
- Pfeffer und Salz
- Öl und Essig
- 100 g fester weißer Schafskäse

Paprika waschen, vierteln, Stiel und Gehäuse mit Kernen entfernen und in schmale Streifen schneiden, die Sie über eine Platte streuen. Die Zwiebel schälen und halbieren, in Scheiben schneiden und auf die Paprika verteilen. Die Gurke schälen, halbieren und Gehäuse ausschaben, noch einmal längs teilen und in mundgerechte Stücke schneiden, die auf die Zwiebeln gestreut werden. Tomaten waschen und sechsteln und dazu setzen, die Oliven entsteinen und halbieren und auf die bunte Platte geben. Jetzt mahlen Sie Pfeffer und Salz darauf, beträufeln gründlich mit Öl und Essig und nehmen das feste Stück Käse zur Hand. Es wird mit der feinen Raspel über die *salata* gestrichen, die damit zur Bauernplatte, einer Schopska wird.

Caponata

Das ist ein Sommergericht, auf Vorrat gedacht. In der sizilianischen Version wird es mit frischen marinierten Meeresfrüchten gereicht: Scampi und Garnelen, Kalamari und Sardinen, würzige Sardellen, leckere Muscheln...

500 g Auberginen
500 g milde oder Gemüsezwiebeln
500 g Tomaten
3 Stangen Sellerie
1 Handvoll grüne Oliven
Olivenöl und Weinessig
2 Löffeln Kapern
2 Lorbeerblätter
1 Löffel Zucker
Pfeffer und Salz

Die Auberginen in grobe Würfel schneiden, salzen und ziehen lassen. Die Zwiebeln nicht zu fein hacken, die Tomaten überbrühen und schälen. Die geputzten Selleriestangen in zentimeterdicke Streifen schneiden und die Oliven – es dürfen auch einige mehr sein – entsteinen.
Jetzt können Sie die Auberginenwürfel mit Küchenkrepp trocken pressen und rundum in einer tiefen Pfanne mit reichlich Olivenöl anbraten – und herausnehmen, bevor sie matschig werden. In die Pfanne geben Sie nochmals Öl und dünsten darin die Zwiebelstückchen glasig. Unterdessen hacken Sie das Tomatenfleisch rasch durch und schmoren es mit den Zwiebeln zu einem saftigen Sugo.

Jetzt erhitzen Sie in einem separaten Töpfchen eine Tasse Essig mit Lorbeer und Zukker und lassen Sellerie, Oliven und Kapern darin ziehen.
Schließlich mischen Sie Auberginen und Essigfrüchte mit dem Tomatensugo, würzen mit der Marinade, Pfeffer und Salz und lassen das Ganze abkühlen.

Insalata di Rinforzo

In der Tat: Ein Salat zur Wiederbelebung, ein starkes Katerfrühstück!

1 Blumenkohl
1 Handvoll grüne Oliven
1 Handvoll schwarze Oliven
Ein paar kleine Gewürzgurken, *cornichons*
1 eingelegter Tomatenpaprika
1 Löffel Kapern
6 Löffel Olivenöl
1 Löffel roter Weinessig
Pfeffer und Salz

Den Blumenkohl schneiden Sie zu mundgerechten Röschen, die gute fünf Minuten in siedendem Salzwasser knackig gegart werden. Gürkchen und Paprika ebenfalls zu Mundhappen schnitzeln, alle Zutaten mischen und eine halbe Stunde im Kühlschrank ziehen lassen.

◁ Caponata (hier die üppige Version), Rezept siehe oben

Kartoffelsalat

Das steht so da: »Kartoffelsalat«. Und jeder hat seine Horrorvisionen zwischen pappig und pampig. Doch ich sage Ihnen, die köstlichen Knollen sind eine Delikatesse, wenn man die richtigen glatten Sorten und das richtige Rezept hat. Versuchen Sie es einmal mit dem herzhaften Rezept aus der Normandie (siehe unten) und der edlen Hummerversion. Übrigens wird bei beiden zur Vollendung die Zugabe von Trüffelscheiben empfohlen, und das spricht Bände!

Salade »cauchoise«

1 Kilo Salatkartoffeln, möglichst klein und speckig
1 zarte Sellerieknolle
200 g *jambon cru*: magerer roher Schinken
1 Becher Crème fraîche
1 Löffel Apfelessig
Kerbel oder Borretsch
Pfeffer und Salz

Die Kartoffeln werden in Salzwasser gegart, in Eiswasser abgeschreckt, sofort gepellt und in nicht zu dünne Scheiben geschnitten.
In der Zwischenzeit konnten Sie den Sellerie – großzügig! – schälen und in feine kurze *Julienne*-Streifchen schneiden, ebenso den Schinken. Und den Kerbel hacken oder die Borretschblätter fein schneiden: Nehmen Sie ruhig eine kräftige Portion. Die Sahne wird ein wenig aufgeschlagen, mit Essig verrührt, mit Pfeffer und Salz abgeschmeckt. Dann mischen Sie in einer Schüssel behutsam die noch warmen Kartoffelscheiben mit den Selleriestreifen und der Hälfte des Schinkens und des Krautes, gießen die Sauce darüber, heben dieselbe mit Zartgefühl unter den Salat und streuen den übrigen Teil des Schinkens und Krautes auf die leckere Schale.

Silvestersalat

500 g feinste Salatkartoffeln
1 Liter Hühnerbrühe (Extrakt)
1 dicke Scheibe Prager Schinken
1 Hummerschwanz oder 3 sogenannte Riesengarnelen
1 Trüffel
6 Löffel Olivenöl extra vergine
2 Löffel Limettensaft
Frisch gemahlener weißer Pfeffer und Salz

Die Kartoffeln garen, eiskalt abschrecken, schälen und die Scheiben in warme Hühnerbrühe schneiden. Den Schinken in zarte Würfel und die Krebsschwänze in feine Scheiben schneiden. Die Kartoffelschnitze aus der Brühe schöpfen und abtropfen lassen.
Alle Zutaten mit der gehobelten Trüffel behutsam mischen.
Das Dressing aus Öl und Limettensaft mit Pfeffer und Salz aufschlagen und über den Salat träufeln. Eine Viertelstunde ziehen lassen, dann sanft durchheben und bald auftragen. Diese Delikatesse mundet übrigens nicht nur am Jahresende; aber teuer ist sie immer.

DIE WARMEN PLATTEN

Sie zeichnen im weiten Spektrum der Antipasti und Appetizer dreierlei Vorzüge aus. Einmal sind sie angenehm vorzubereiten; man muß sich nicht auf die Minute richten, und es spielt keine Rolle, ob das Mahl ein bißchen früher oder später beginnt. Zum anderen bilden sie, ganz wörtlich, ein aromatisches Entree: Wer den Raum betritt und sich der Tafel nähert, wird schon von ihrem Duft empfangen. Und schließlich: Sie lassen sich so bequem zu einem Ensemble kombinieren, das den Appetit nicht nur anregt, sondern auch den Hunger stillt und einen ganzen Abend füllen kann. Die meisten dieser Gerichte schmekken warm und abgekühlt gleichermaßen, und es ist eine Frage Ihrer Raffinesse, welche Sie auf Warmhalteflächen setzen. In der Regel genügt es, wenn die Platte, auf der Sie anrichten, heiß ist.

Porcini con le acciughe

In Italien kennt man Pilze und Pilze. *Die Pilze* schlechthin sind Steinpilze, *porcini;* alles andere sind eben Pilze, *funghi.*

500 g Steinpilze
Sardellenfilets in Öl
2 Löffel Olivenöl
2 Knoblauchzehen
1 Bund Petersilie
Parmesan

Die teuren frischen Pilze werden behutsam mit einem scharfen Messerchen geputzt und längs in nicht zu dünne Scheiben geschnitten. Nun erhitzen Sie in einer Kasserolle das duftende Olivenöl, zerdrücken mit einer Gabel darin drei oder vier Sardellenfilets und schmelzen sie im Öl auf, das damit zur würzigen Crème wird. Darin braten Sie bei guter Hitze die Pilzscheiben rasch durch, bis sich ihre Feuchtigkeit verflüchtigt hat, und fügen gehackten Knoblauch und Petersilie hinzu. Bei kleiner Flamme ist das Gericht nach einer Viertelstunde bißzart durchgegart und wird auf einer vorgewärmten Platte mit frischem Parmesan berieben. Wenn Sie mögen, können Sie es mit weiteren Sardellenröllchen und einigen großen Kapern dekorieren.

Funghi al cartoccio

Der Name sagt Ihnen, daß Sie dafür nicht preziöse Steinpilze verwenden müssen, sondern sich mit großen Champignons bescheiden dürfen. Sie werden in Folie gegart und saftig gehalten – also ein prima Rezept auch für die Gartenparty.

- 1 Dutzend große Champignonhüte
- 2 Löffel Semmelbrösel
- 2 Löffel geriebener Pecorino
- 2–3 zerquetschte Anchovisfilets
- 1 Handvoll gehackte Petersilie
- 1 durchgepreßte Knoblauchzehe
- Olivenöl

Die Pilze werden mit Küchenkrepp trocken geputzt, dann bricht man ihnen die Stiele aus.
Aus Semmelbröseln, frisch geriebenem Käse und salzigen Sardellen, Petersilie und Knoblauch mischt man die Farce und verteilt sie in die Pilzhüte. Jedes Stück wird auf ein Blatt Alufolie gesetzt, großzügig mit Olivenöl beträufelt und fest eingeschlagen; aber so, daß der liebe Gast das heiße Bündel nachher mit einigen Zügen an den Zipfeln leicht öffnen und in seinem Saft aus der Hülle genießen kann!
In 20 Minuten wird diese Delikatesse im heißen Ofen (250 Grad) oder auf dem Grill durchgegart.

Spargelspitzen in Morchelrahm

- 1 Kilo frischer Spargel
- 30 g getrocknete Morcheln
- 2 Schalotten
- 1 Tasse Rahm
- Butter und Zucker
- Pfeffer und Salz

Die kleinen Morcheln müssen Sie unter fließendem Wasser gut abbürsten und für einige Stunden warm einweichen.
Der Spargel wird gut geschält, doch hier verwenden Sie nur die zarten Spitzenstücke. Die werden kurz gegart in siedendem Wasser, das man zuvor mit wenig Salz, einer Prise Zucker und einem Stückchen Butter aufkochte.
In der Zeit seihen Sie die Morcheln durch ein sehr feines Sieb und fangen die Flüssigkeit auf. Die Pilzchen werden nochmals unter fließendem Wasser gereinigt und grob gehackt. Die Schalotten schälen und sehr fein schneiden, mit einem Löffel Butter glasig andünsten und die Morcheln rasch zuschmoren. Ein paar Löffel Pilzbrühe hinzufügen, mit der Sahne aufrühren und dann bei kleiner Flamme zur Crème einkochen lassen.
Die Spargelspitzen, gut abgetropft, auf eine warme Platte geben und mit dem Morchelrahm überziehen.

Radicchio alla Trevisana

Das ist eine zart herbe Köstlichkeit. Sie müssen nur bedenken, daß Ihre Gäste zu einigermaßen manierlichem Verzehr Messer und Gabel brauchen.

Kleine Köpfe Radicchio
Olivenöl
Pfeffer und Salz

Den roten Salatköpfchen welke Blätter abziehen. Kurz duschen, abschütteln und längs vierteln. Die Schiffchen auf eine feuerfeste Platte setzen, mit würzigem Olivenöl tränken, mit frischem Pfeffer und Meersalz bemahlen. 20 Minuten in die heiße Röhre schieben (220 Grad) oder 10 Minuten unter den Grill – dann muß man aufpassen und sie dreimal wenden.

Finocchi al burro

Kleine Fenchelknollen
Butter
Parmesan

Von dem zarten Fenchel entfernen Sie mit dem Messer die trüben Ansätze an Sprossen, Wurzel und Schalenblättern, aber nicht das verbliebene Grün; dann waschen und halbieren. In leise siedendem Salzwasser werden die Hälften in einer halben Stunde gar. Unterdessen schmelzen Sie in einem Pfännchen Butter und lösen darin die halbe Menge frisch geriebenen Parmesan auf. Mit dieser Käse-Sauce werden die abgetropften Fenchelknollen, mit dem Rücken auf eine heiße Platte gesetzt, überzogen. In diesem Fall sollten Sie auch die Platte warm halten; denn das Fruchtfleisch kann ruhig erweichen, doch die Käse-Butter entfaltet ihren Reiz nur warm.

Pomodori ripieni

Das heißt einfach: Gefüllte Tomaten. Sie müssen also groß und fleischig sein – deshalb können Sie auch die ziemlich geschmacklosen belgischen verwenden, denn der *goût* kommt von innen.

8 große Tomaten
4 Löffel Reis (Arborio)
4 Löffel Olivenöl
1 Handvoll schwarze Oliven
4 Anchovisfilets, gesalzen, aus dem Glas
1 Dutzend Blätter Minze oder getrockneter Oregano
1 Knoblauchzehe

Am besten werfen Sie erst den Reis in eine große Tasse mit Wasser.
Dann schneiden Sie den Tomaten den Dekkel ab und höhlen das Mark mit einem Löffelchen aus: Das Innere wird mit Salz bestreut und umgekehrt zum Austropfen auf Küchenkrepp gesetzt. Aber das Mark dürfen Sie nicht wegwerfen!
Es wird durch ein Sieb in eine Schüssel gestrichen und mit den entsteinten und gehackten Oliven, den fein gewiegten Sardellen und Minzeblättchen (oder einem Löffelchen trockenen Oregano) und der durchgepreßten Knoblauchzehe vermischt. Nun gießen Sie den Reis in einem Sieb ab und ziehen ihn mit dem Öl in die Würzmischung, mit der die Tomaten gefüllt werden.
Sie werden mit ihrem Deckel geschlossen und in eine Gratinierform gesetzt, in die Sie noch ein bißchen Olivenöl und Weißwein gießen, damit die Chose nicht austrocknet. Denn nun sollen die Tomaten bei 200 Grad im Ofen sanft und saftig aufquellen. Kenner operieren dabei noch ein wenig mit Folie und Olivenöl: Gelegentliches abdecken und beträufeln bewahrt und garantiert den Wohlgeschmack.

Piselli alla romana

Leicht, lecker und bequem: Sie nehmen frische oder aufgetaute Erbschen und garen sie in Butter mit angedünsteten Schalottenwürfeln und feinen Schinkenstreifchen. Flüssigkeitsbedarf wird mit etwas Hühnerbrühe oder Weißwein ausgeglichen.

Peperonata

4 fleischige Paprikaschoten aller Farben
6 Löffel Olivenöl
1 weiße Zwiebel
2 Knoblauchzehen
1 Peperoni
3 Tomaten
Pfeffer und Salz
1 Handvoll Petersilie

Die Paprikaschoten werden gewaschen, halbiert, entkernt und in Streifen geschnitten. Die Zwiebel hacke ich immer grob, man muß ihre Stückchen beißen können. Sie wird in einer großen tiefen Pfanne mit Öl angedünstet. Dann füge ich Knoblauch hinzu: sehr frischen in Scheibchen, trockeneren fein gewürfelt. Und eine Schote Pfefferoni: frische entkernt und in Streifchen, getrocknete zermörsert. In dieser Würzung werden die Paprikastreifen angeschmort und ölig überzogen.
Mit den Tomaten ist es die alte Crux: Sie müssen gebrüht und geschält, entkernt und in Streifen geschnitten werden. Die dünsten dann zehn Minuten mit, ehe man mit Pfeffer und Salz abschmeckt.
Das servieren Sie, mit gehackter Petersilie bestreut, aus der Pfanne. Oder Sie bereiten die doppelte Menge, knapp *al dente*, und freuen sich drei Tage daran.

Fagiolini di Sant'Anna

Schon wieder ein italienisches Rezept, diesmal aus der Toscana. Ich kann nichts dafür. Denn niemand weiß den Eigengeschmack zarter »Gemüse« mit solcher Delikatesse zu erhöhen wie unsere südlichen Nachbarn. Auch wenn wir hier – weil die so logistisch perfekt und frisch angeliefert werden – oft die feinen Prinzeßböhnchen aus Kenia verwenden.

500 g zarte grüne Bohnen
2 reife duftende Tomaten
4 Löffel Olivenöl
2 Zehen Knoblauch
Pfeffer und Salz

Die dünnen Bohnenstengel werden am Anfang und Ende gekappt, in siedendem Salzwasser blanchiert, ausgeschöpft in Eiswasser, und sollen dann in einem Sieb abtropfen. So bewahren sie ihre frische Farbe. Mit den Bohnen können wir auch die Tomaten brühen und abschrecken; dann schälen und ihr Fruchtfleisch hacken.
Jetzt duftet in einer heißen Kasserolle das Öl mit feinen Knoblauchscheibchen auf. Und bevor sie zu bräunen beginnen, ziehen Sie die Böhnchen unter, geben das Tomatenfleisch darauf und lassen das Ganze unter dem Deckel bei sehr kleiner Flamme eine Viertelstunde ziehen.
Bevor Sie das Gericht auf eine warme Platte geben, würzen Sie mit frisch gemahlenem weißen Pfeffer und ganz wenig Salz.

Strangolapreti, Rezept Seite 63 ▷

Pimientos rellenos

Das ist spanisch, auch wieder nichts anderes als: Gefüllte Paprika. Die Prozedur allerdings ist etwas umständlicher, doch sie lohnt sich.

6 makellose große grüne Paprikaschoten
3 Löffel Olivenöl
2 Opportozwiebeln (rote Zwiebeln)
2 Knoblauchzehen
3 Tomaten
200 g gekochter Schinken
Herber Weißwein
Semmelbrösel

Die Prozedur: Sie müssen die Paprikaschoten unter dem Grill oder in der hocherhitzten Röhre drehen und wenden, bis die Schale allseits Blasen wirft. Dann gabeln Sie die Früchte zum Abkühlen in eine Schüssel und bedecken sie mit einem feuchten Küchentuch. Denn jetzt müssen Sie die Dinger sorgsam schälen, ohne sie zu verletzen, und den Deckel mit dem Gehäuse ausschneiden. Man lernt das schnell, es ist Küchen-Einmaleins.
Während die properen Schalen in einer Ofenform nachziehen, bereitet man die Füllung. Zwiebeln und Knoblauch grob hacken und in Öl andünsten. Tomaten brühen, schälen und schneiden, einschmurgeln. Wenn dieser Sugo trocken wird, fügt man den fein gewürfelten Schinken hinzu, und gießt dann ein bißchen Wein auf. Die dickliche Farce wird mit Pfeffer abgeschmeckt und mit einem Löffelchen in die ausgeruhten Paprikaschoten gefüllt.
Ein wenig Semmelbrösel, mit Öl betropft, decken die Füllung ab. Bei 180 Grad werden die *pimientos rellenos* binnen zehn Minuten servierfertig, ziehen warm nach und sind auch kühl köstlich.

Melanzane

Schon wieder ein gemeiner Begriff. Ich erinnere mich noch, welche Verwirrung diese violetten Kürbispflanzen auf deutschen Märkten stifteten. Eierfrüchte hießen sie hilflos teutonisch, und daß man sie essen könnte, schien befremdlich. Fünfzehn Jahre sind vergangen. Eierfrüchte kennt keiner, Auberginen jeder. Vielen scheinen sie fad – Feinen der Gipfel der Vornehmheit. Die Wirklichkeit liegt wieder einmal in der Mitte: Man muß sie vornehm behandeln, dann sind sie gar nicht fad. Italienisch heißen sie *melanze.* Und man kann sie auch füllen.

4 Auberginen, nicht so groß
1 weiße Zwiebel
1 kleine Dose *pomodori pelati*
Oregano, Pfeffer und Salz
1 Mozzarella
Olivenöl

Die Auberginen längs halbieren und mit einem scharfen Löffel die Hälfte des Fruchtfleisches ausschaben. Die Hälften werden innen gesalzen und tropfen auf Küchenkrepp ab, das Fruchtfleisch wird gehackt. Die grob geschnittene Zwiebel – es dürfen auch zwei sein – in Olivenöl andünsten und das Auberginenfleisch einschmoren. Dazu kommen die rasch gehackten Tomaten aus der Dose; auch ihr Saft wird nachgegossen und zum dicklichen Sugo eingeköchelt.
Den schmecken Sie mit getrocknetem Oregano und frisch gemahlenem Pfeffer und Salz ab, ziehen den fein gewürfelten Mozzarella-Käse unter und füllen damit die Auberginenschalen. Mit Öl beträufelt, ziehen sie in einer Gratinform bei 220 Grad im Ofen binnen 20 Minuten gar.

Strangolapreti
(Abb. Seite 60/61)

Unerwartetes wirkt auf kleinem Buffet am stärksten. Diese Spinatnockerln sind schon für sich allein eine prächtige Beikost zu einem frischen Glas Wein. »Priesterwürger« heißen sie seit dem Konzil von Trient und galten als beliebte Fastenspeise. Man bereitet sie in Trento auch aus Kartoffelteig.

- 250 g altbackenes Weißbrot
- 250 g Spinat
- 3 Eier
- 150 g Mehl
- Muskat, Pfeffer und Salz
- 4 Löffel Butter
- 1 Dutzend Salbeiblätter
- Frischer Parmesan

Das Brot schneiden Sie in Würfel, übergießen es mit kochendem Wasser und lassen es zwei Stunden aufweichen. Dann wird es gut ausgedrückt, am besten in einem Tuch! Der geputzte Blattspinat wird rasch in siedendem Salzwasser blanchiert, aus der Brühe gefischt und grob gehackt. Dann walken Sie Brot, Spinat und Eier mit der Hand durch, schmecken mit den Gewürzen ab und arbeiten so viel Mehl ein, daß eine glitschig feste Masse entsteht.
Von diesem Teig stechen Sie mit einem Löffelchen flache Klößchen ab und schupfen sie mit dem Finger in den Topf mit der siedenden Spinatbrühe. Sie sind gar, wenn sie aufsteigen, und werden dann zum Abtropfen ausgeschöpft.
In der Zwischenzeit haben Sie in einem Pfännchen die Butter ausgelassen, den Salbei in Streifen geschnitten und in der Butter aufgeschäumt. Und nun geben Sie die Klößchen auf eine heiße Platte, übergießen sie mit der Salbeibutter und reiben frischen Parmesan darüber.

Pommes de terre à l'huile

Eigentlich heißt das nix anderes als Kartoffelsalat. Dieser ist heiß und wird von kräftigen Wurstscheiben begleitet.

- 1 Kilo speckige Kartoffeln
- 500 g *saucissons* oder Kochwurst
- 1 Gläschen Apfelwein
- 2 Löffel Apfelessig
- 6 Löffel Öl
- Pfeffer und Salz
- 2 Schalotten
- 2 Handvoll Petersilie und Schnittlauch

Die Kartoffeln werden mit der Schale gegart, abgeschreckt und geschält. Zur gleichen Zeit haben wir die Wurst mit einer Gabel angepickt und in einem Extratopf ziehen lassen, damit sie heiß wird und Fett verliert.
Aus Apfelwein und -essig schlagen Sie mit Öl und Pfeffer und Salz eine reichliche Marinade auf, der die feingehackten Schalotten unterzogen werden.
Nun schneiden Sie die Kartoffeln zentimeterdick auf eine irdene Platte, übergießen sie mit der Marinade und halten sie bei 150 Grad in der Röhre warm. Ein bißchen Durchschütteln ist ratsam, damit alle Scheiben überzogen werden.
Die Wurst abgießen, häuten und in Scheiben schneiden. Petersilie grob hacken, Schnittlauch in Röllchen schneiden. Wurstscheiben inmitten der Kartoffelplatte setzen und das Ganze mit frischem Grün bestreuen.
Überflüssig zu sagen: Das weitet sich natürlich leicht zum Hauptgericht für einen fröhlichen Abend mit *Cidre* oder Äppelwoi aus. Denn man muß ja nicht immer Frankfurter Würstchen, Haspel mit Kraut und Handkäs mit Musik dazu reichen. Hier würde ich zur Abrundung eher einen Elsässer Munster-Käse mit dunklem Brot goutieren.

Solche Formen geben zu keinerlei Zweideutigkeit Anlaß. Denn ganz eindeutig meine ich dies: Es gibt eine ganze Reihe *legumi,* kompakte Feldfrüchte, die am schönsten in ihrem eigenen Saft und von Folie ummantelt schmoren, in einer Gratinform mit Sauce begossen oder in kleinen irdenen Töpfchen gegart mit aromatischer Begleitung. Aber heiß müssen sie serviert werden, und es schadet gar nichts, wenn der gierige Gast da ein wenig Geduld braucht, um seine Erwartung zu stillen: Das erhöht den Genuß. Und solange die Formen heiß sind, haben Sie kein Problem, denn darin ruhen die Gerichte verlustlos auch eine halbe Stunde länger.

Patátes sto foúrno

Ich fange schon wieder mit Kartoffeln an. Wenn sie nur richtig fest und mehlig sind, schmecken sie kreuzweise eingeschnitten, mit Butter und getrockneten Gewürzen eingestrichen und in einer Folie in Ofen oder Holzkohle gebacken sowieso am besten. Ein Topf mit Rahm und ein Salzstreuer genügen als Accessoires. Sie können aber auch diese griechische Variante probieren, die in einer großen Bratpfanne, einer Reine, geschmort wird.

Große Kartoffeln
Olivenöl und Zitronensaft
Pfeffer und Salz
Getrockneter Thymian
Butter

Die Kartoffeln werden geschält und geviertelt oder geachtelt, während der Backofen auf 250 Grad vorheizt. Sie verteilen die Kartoffelstücke in die Bratform, beträufeln sie großzügig mit Öl und frischem Zitronensaft und streuen Pfeffer und Salz und zwischen den Fingern zerriebenen Thymian darauf. In den Ofen damit. Nach 20 Minuten bestreichen Sie die Kartoffeln mit Butter, damit sie schön bräunen. Nach einer weiteren halben Stunde sind sie duftend gar und aus der heißen Pfanne gegabelt eine frugale Beigabe zu harzigem Retsina.

◁ Pisto manchego, Rezept Seite 69

Farçis provençaux

Das ist schon eine sehr stattliche Vorspeisen-Platte, die sich leicht zur abendfüllenden Tafel ausbauen läßt. In dem Falle sollten Sie noch einen Sugo aus frischen Tomaten mit angedünsteten Zwiebeln hinzufügen: Er wird nach der Hälfte der Garzeit einfach in die Pfanne gegeben.

6 kleine weiße Auberginen
6 mittlere Gemüsezwiebeln
6 große Tomaten
300 g Lammfleisch aus der Schulter
100 g Schinkenspeck
2–3 Schalotten
2–3 Knoblauchzehen
4–5 Petersilienstengel
75 g Parmesan
2 Eier
Getrockneter Thymian
1 Handvoll Reis
Pfeffer und Salz
Olivenöl

Zuerst werfen Sie den Reis mit den geschälten Zwiebeln in wallendes Wasser; das wird nach zehn Minuten in einem Sieb abgegossen. Der Reis kann jetzt trocknen. Den angegarten Zwiebeln schneiden Sie ebenso wie den kleinen und möglichst runden Eierfrüchten und den Tomaten die Kappe ab und höhlen alle mit einem scharfen Löffel aus. Die Hohlräume werden mit Salz bestreut und umgekehrt auf Küchenkrepp gesetzt, das Fruchtfleisch brauchen wir für die Füllung.

Dafür wird es mitsamt Fleisch und Speck, Schalotten, Knofl und Petersilie durch die Küchenmaschine gedreht: Mischen Sie die Zutaten ein wenig durcheinander. Und nun braten Sie die Mischung in einer heißen Pfanne mit Öl rasch an und geben sie in eine Schüssel. Dort wird sie mit geriebenem Käse, aufgeschlagenen Eiern und dem Reis von Hand zur Farce gewalkt, mit reichlich Thymian und Pfeffer und Salz versehen.

Nun können Sie die ausgetropften Früchte damit füllen. Sie werden dicht in eine ausgebutterte und ofenfeste Form gesetzt und mit Öl sorgfältig übertropft. Sie brauchen in der Röhre bei 180 Grad etwa eine Dreiviertelstunde Garzeit und müssen ab und zu nachgeölt – oder mit Tomatensugo begossen – werden.

Cipolle farcite

6 weiße Zwiebeln
100 g Pecorino oder Parmesan
3 Löffel Butter
3 Eier
Pfeffer und Salz
Grappa oder Cognac

Die geschälten Zwiebeln werden eine Viertelstunde in leise sprudelndem Salzwasser gegart. Dann schrecken Sie sie unter kaltem Wasser ab, halbieren sie quer und heben die Hälfte der Schalen mit einem Löffel aus. Dieses Fruchtfleisch wird gehackt und warm mit einem Löffel Butter, dem frisch geriebenen Käse und den aufgeschlagenen Eiern zur Farce verarbeitet, mit Pfeffer und Salz abgeschmeckt und in die Zwiebelschalen gefüllt.

Nun streichen Sie eine feuerfeste Form mit der übrigen Butter aus, setzen die *cipolle farcite* hinein und beträufeln sie mit Weinbrand.

Bei etwa 180 Grad werden sie binnen einer halben Stunde im Ofen saftig zart und sofort sehr heiß serviert.

Mangoldgratin

Gratins wirken in einer großen Form zwar sehr imponierend, schaffen auf einem Buffet aber immer Verteilerprobleme. Außerdem hat jeder Angst, nicht alle Ingredienzen im richtigen Maß erwischt zu haben, und fischt gar schrecklich noch nach Stückchen und Sauce. Wenn die Zahl der Esser überschaubar ist, empfehlen sich deshalb Portionsformen und irdene Pfännchen: Dann ist jeder gewiß, daß er sein Teil bekommt. Und adrett ist das obendrein.

750 g Mangold
1 Zwiebel
2 Löffel Butter
1 Täßchen Hühnerbrühe (Extrakt)
4 Eier
Geriebener Gruyère oder Emmentaler
1 Tasse saure Sahne

Der Mangold wird gründlich gewaschen. Ledrige Blätter und schlaffe Stiele sollten Sie entfernen, die übrigen Blätter in fingerbreite Streifen schneiden.
Die Zwiebel fein hacken und in einer Kasserolle mit Butter hell anbraten, dann den Mangold hinzugeben. Er soll bißfest dünsten, aber nicht schwimmen: Also fügen Sie die Brühe nach und nach dazu und schmekken mit Pfeffer und Salz ab.
Die zarten Streifen werden in vier gebutterte Formen gefüllt, in die Mitte drücken Sie eine Vertiefung. Da hinein lassen Sie je ein Ei gleiten, streuen Käse darüber und beträufeln die Oberfläche mit Rahm. Zehn Minuten bei 200 Grad im Ofen gratinieren, bis das Eiweiß gestockt ist.

Parmigiana di melanzane

3 große Auberginen
Olivenöl
1 kleine Dose *pomodori pelati*
2 Eier
2 Mozzarella
Getrockneter Oregano
Geriebener Parmesan

Die Auberginen längs vierteln und in fingerdicke Stücke schneiden. Salzen und auf Küchenkrepp ziehen lassen.
Die geschälten Tomaten im Mixer kurz pürieren, die Eier hart kochen und wie den Käse in feine Scheiben schneiden.
Jetzt trocknen Sie die Auberginen ab und braten sie in einer großen Pfanne mit reichlich Öl rundum rasch an. Dann werden sie in eine Gratinierform gebettet, mit Eier- und Mozzarellascheiben belegt und mit dem Tomatenpüree übergossen, das Sie zuvor mit Oregano, Pfeffer und Salz gut gewürzt haben. Schließlich reiben Sie noch frischen Parmesan darüber und überbacken das Ganze bei 180 Grad etwa 20 Minuten.

Pisto manchego
(Abb. Seite 64/65)

Dieser Topf aus der Mancha steht für sich als kleiner Imbiß. Den *müssen* Sie des Reizes wegen in kleinen irdenen Schalen servieren – und den Geschmack des Originals erreichen Sie mit würzig grünlichem spanischem Olivenöl und echten Knoblauchwürstchen!

Olivenöl
2 *chorizos*: Knoblauchwürstchen
2 Zwiebeln: rot
2 Paprika: grün
2 Zucchini: ungeschält
3 Tomaten: geschält
2 *pimientos*: Pfefferschoten
4 Eier

Zuerst die Vorbereitungen: Die Wurst würfeln, die Zwiebeln vierteln und in kräftige Scheiben schneiden, die Paprika zu Stückchen, die Zucchini halbiert in Scheiben schneiden, die Tomaten schälen und grob hacken, die Pimientos entkernen und zu Streifchen schnitzeln.
Nun erhitzen Sie in einer schweren Pfanne das duftende Öl und braten kurz die Wurstwürfel an, fügen Zwiebel und Paprika hinzu, nach ein paar Minuten Zucchini, Tomaten und Pfefferschoten. Bevor diese Peperonata richtig weich wird, schmecken Sie mit Pfeffer und Salz ab und füllen sie in vier Portionsformen um, die bei 200 Grad im Ofen heiß garen. Jetzt braten Sie rasch vier Spiegeleier, wieder in Olivenöl, setzen die auf die *pistos* – und schon ist à la mancha angerichtet.

Palets de marrons

Daß geröstete Kastanien und frischer Wein zusammen passen, ist jedermann geläufig. Hier werden sie zu heißen Paletten verfremdet – ein Überraschungscoup.

1 Kilo Eßkastanien
1 Selleriestange
Pfefferkörner und Salz
Butter
3 Eigelb

Die Kastanien werden kreuzweise eingeschnitten und in Wasser aufgekocht, bis man Schale und Innenhaut abziehen kann.
Die geschälten Kastanien geben Sie mit geschnitzeltem Sellerie, einem starken Löffel Butter, Pfefferkörnern und Salz in einen Topf, gießen knapp mit Wasser auf und köcheln das durch, bis die Früchte weich sind. In ein Sieb abgießen und austrocknen lassen. Warm im Mixer pürieren und mit dem Eigelb verrühren. Jetzt muß die Masse erkalten: Daraus werden Ringe geformt und zu Küchlein flachgedrückt, die so etwa aussehen wie Apfelscheiben. Diese werden dann in heißer Butter zu goldbraunen *palets* beidseitig ausgebacken. Heiße Apfelscheiben, ganz kurz nur angebraten, sind wirklich eine saftige Ergänzung!

Die Früchte des Meeres

Frutti di mare – bei diesem Begriff denkt nun jeder gleich an Antipasti und lockere Gaumenfreuden, an milde Sommerabende und sanfte Meeresbrise, Salz in der Luft und einen zarten Duft in der Nase.
Für manche sind solche Hors d'œuvre mit dem *goût* des Meeres und der *macchia* der Inbegriff des Genusses, für den sie gern auf alle weiteren Gänge verzichten. Womit wir bereits bei der ersten Erkenntnis sind: Rechnen Sie nicht mit der vornehmen Zurückhaltung Ihrer Gäste; sie wird nur durch ein schmales Angebot erzwungen.

Damit gelangen wir zur zweiten Erkenntnis. Die Zeiten, da man so pittoreske Seetiere wie Krake und Kalmar, Meerspinnen und Meerscheiden, Drachenkopf und Aale als »Meeresgezücht« titulierte, sind zwar lang vorbei. (Leider auch die, in der eine Hamburger Gesindeordnung untersagte, die Dienstboten mehr als zweimal in der Woche mit Krebsen zu verköstigen!) Aber ein Grundproblem ist nicht zu beheben: Frische Fische respektive Meeresfrüchte sind noch lange kein fangfrisches Meergetier.
Der Abstand zwischen Stunden und Tagen bedeutet einen Geschmacksabfall, den auch Sternelokale nur durch eingeflogene Ware vermeiden können. Der Normalverbraucher im Binnenland kann den Verlust durch intensives Befragen des Händlers mindern: An welchem Tag kommt die Lieferung an? Aber auch die Küstenanrainer im Norden und Süden unseres Kontinents können auf den Fischmärkten nicht sicher sein, was eigene Ernte ist.
Achten Sie also darauf, möglichst frisch angelieferte Ware zu erhalten. Denn gerade bei Antipasti, die ja den Eigengeschmack dieses köstlich festen Fleisches hervorkehren sollen, ist tiefgefrorenes oder konserviertes Gut nur ein unzulänglicher Ersatz.

KRUSTENTIERE

Das gilt leider auch für die Krabben und Garnelen, Shrimps und Prawns, Langostinos und Scampi, die so prächtig und preiswert in Tiefkühltruhen zu finden sind. Spätestens beim Auftauen und Abtropfen verlieren sie entscheidende Geschmackselemente und ihr pralles Ansehen. Es ist teurer und mühevoller, auch hier »tagesfrische« Ware aufzuspüren. Tun Sie es trotzdem. Auch wenn Sie die Krabben und Crevetten puhlen müssen (Sie brauchen dann die doppelte der angegebenen Menge!) – es lohnt sich. Und die größeren Tierchen, die da unter phantasievollen Bezeichnungen wie Krebsschwänze oder Langustenschwänze gehandelt werden und in der Regel doch Garnelen sind, garen besser ungefrostet in ihrer Schale im eigenen Saft, von wirklichen Langusten und Scampi mit Kopf und Panzer ganz zu schweigen. Die sollten Sie allerdings überhaupt nicht weiter traktieren, sondern lediglich in einem *court-bouillon* aus Wasser, Wein und Essig mit Gewürzen zehn Minuten ziehen lassen und mit einer Mayonnaise reichen.

Tomates aux crevettes

Der obstinate Krabben-Cocktail ist meist so langweilig, weil die armen Sandgarnelen so ausgemergelt sind, daß zwischen den Zähnen höchstens noch kleine Stückchen von Cornichons und Äpfeln spürbar werden. Versuchen Sie also, ordentliche *crevettes grises* aufzutreiben. Dazu dieses belgische Rezept.

200 g Krevetten
4 duftige Fleischtomaten
2 Löffel Mayonnaise
2 Löffel Crème fraîche
Dijon-Senf
Zitronensaft
Weißer Pfeffer und Salz

Zuerst schneidet man den Tomaten die Kappe ab und höhlt sie mit dem Löffel zu fleischigen Körbchen aus. Sie werden leicht gesalzen und zum Abtropfen umgekehrt auf Küchenkrepp abgestellt. Inzwischen bleibt Zeit genug, die Füllung zu bereiten: Mayonnaise und Sahne mit etwas Senf und Zitronensaft verquirlen und mit Pfeffer und Salz abschmecken.

Kurz vor dem Auftragen: Krevetten und Sauce mischen und in die Tomaten füllen. Tun Sie's früher, ziehen die Krabben aus der Sauce und die Sauce aus der Tomate Flüssigkeit, und der schöne Eindruck ist dahin.

Garnelen in nussigen Schoten

Klingt ziemlich preziös – ist es auch. Führt aber nur zum Erfolg, wenn Sie kräftige Garnelen von vier Zentimetern und frische Schoten von Zuckererbsen verwenden: ein Saisongericht.

300 g Zuckerschoten
200 g Garnelen oder Prawns
2 Löffel Olivenöl
2 Löffel Nußöl
1 Löffel Zitronensaft
Frisch gemahlen: Pfeffer und Salz
1 Handvoll Haselnüsse

Die feinen Erbsenschoten werden sorgfältig gewaschen und geputzt, die Garnelen zart abgetupft.
Dann erhitzen Sie in einem großen Topf wenig Wasser und dämpfen in einem Siebaufsatz darüber die Schoten fünf Minuten. Ein bißchen durchschütteln. Dann für drei Minuten die Garnelen und den Deckel auflegen. Herausnehmen und abtropfen lassen.
In der Zwischenzeit ist rasch die Marinade aus Oliven- und Nußöl mit Zitronensaft aufgeschlagen. Darin werden die warmen Schoten und Garnelen behutsam gewendet und dürfen zwei Stunden auskühlen.
Vor dem Auftragen rösten Sie die gehackten Nüsse in einer trockenen Pfanne kurz und heiß; übermahlen auf einer Platte Schoten und Garnelen gemischt mit Pfeffer und Salz und streuen die duftenden Nußstreusel darüber.

Xiawan

Es geht auch exotischer und ist gar nicht problematisch, wenn Sie gewohnt sind, auch ein wenig fernöstlich zu kochen und deshalb schon die Zutaten im Haus haben. Das Ergebnis: Heiße Garnelenbällchen.

400 g Garnelen oder Shrimps
100 g Schweineschnitzel
1 Handvoll Brunnenkresse oder Sauerampfer
1 Ei
1 Gläschen Reiswein oder Sherry dry
2 Löffel Oystersauce
Zucker und Salz
Glutamat (Vetsin) und Stärke (Maizena)
Erdnußöl

Garnelen- und Schweinefleisch treiben Sie mitsamt der Brunnenkresse durch Küchenmaschine oder Fleischwolf. Dieses Hachee wird in einer Schüssel mit dem rohen Ei, dem Wein und der Austernsauce aus der Würzflasche gut verarbeitet und mit einem Löffelchen (braunem?!) Zucker und Salz abgeschmeckt. Vetsin oder Glutamat ist ein geheimnisvolles Pülverchen: Man schmeckt es gar nicht – aber es intensiviert die vorhandenen Aromen. Nehmen Sie zwei, drei Prisen davon. Dann binden Sie die glitschige Masse mit Stärkemehl (vorsichtig, das wirkt mächtig!) so fest, daß man aus der Farce schöne lockere Bällchen formen kann. Die werden in Öl schwimmend rasch ausgebacken und heiß auf einer Platte serviert.
Ein Tip dazu: Streuen Sie darüber gehackte frische Korianderblätter. Der Duft ist überraschend und die Überraschung perfekt.

◁ Garnelen in nussigen Schoten, Rezept siehe oben

Aguacate con gambas

Den alten Azteken galt die Avocado als Wunderfrucht. Ihr milder und nussiger Geschmack harmoniert unter sahnigen und scharfen Saucen wunderbar mit zarten Fleischsorten und kräftigen Früchten. Kaufen Sie die Früchte ein paar Tage zuvor, damit sie in geschlossenem Gefäß butterweich reifen können.

2 Avocados
2 Zitronen
200 g Garnelen
2 Löffel Mayonnaise
2 Löffel Sauerrahm
1 Löffel Tomatenmark
1 Gläschen Tequila oder Cognac
Cayennepfeffer und Salz

Die Avocados werden längs halbiert und die Hälften voneinander abgedreht, so daß man den Kern leicht entfernen kann. Das Fruchtfleisch mit einem Löffel auslösen, in Stücke schneiden, gleich mit Zitronensaft besprenkeln und mit den Garnelen oder Krabben mischen. Wieder in die Schalen füllen und kühl stellen.

Die Sauce schlagen Sie mit dem Schneebesen aus Mayonnaise, Rahm und Tomatenmark auf und würzen sie mit mexikanischem Tequila, etwas Zitronensaft, kräftigem Cayennepfeffer und einem bißchen Salz. Sie wird erst kurz vor dem Auftragen über die aparte Mixtur gegossen.

Crevettes orientales

Die Bezeichnung ist ein bißchen hochgestapelt – sie weist nur in die Geschmacksrichtung Fernost und appelliert an Ihre Phantasie: Garnelensalat.

300 g große Krevetten oder Shrimps
6 Frühlingszwiebeln
1 Zitrone oder Limette
1 kleine frische Ingwerwurzel
2 Zitronenblätter oder Zitronengras
1 weißer Pfirsich
1 Avocado
Frische Minze
Sesamöl

Die geschälten Garnelenschwänze werden mit den Röllchen der Frühlingszwiebeln, dem Saft der Zitrone, dem geschälten und fein gehackten Ingwer und dem Zitronengrün gemischt und zwei Stunden kühl gestellt. Vor dem Auftragen schälen Sie einen Pfirsich und eine Avocado, schneiden das Fleisch in Würfel und heben es mit frischen Minzeblättchen unter den Salat, der in Portionsschalen sparsam mit Sesamöl beträufelt wird.

Ich finde es besonders pikant und adrett, wenn das Ganze auf einem Bett von Rucola (Rauke) oder anderen herben Salatblättchen ruht. Um geschmacklichen Irritationen vorzubeugen, sollten Sie vor dem Servieren die Zitronenblätter besser entfernen.

Crevettes orientales, Rezept siehe oben ▷

Scampi – vom Spieß oder aus der Pfanne

Meine Rezepturen für Krustentiere, lateinisch *crustacei,* folgen ihrer Größenordnung. Wußten Sie, daß es von diesen Urtieren 30000 Arten aller Größen gibt? Von der australischen Riesenkrabbe mit 15 Kilo Gewicht und drei Metern Greifweite, deren Spezies Fabrikschiffe zu *crab meat* vermarkten, bis zum winzigen Krill – von deren Masse sich Walfische nähren! Und der Ärger mit dem gastronomischen Etikettenschwindel bei der Familie Hummer & Co., der zoologischen Ordnung Zehnfußkrebs, ist eh nicht zu bewältigen. Ein Hummer ist keine Languste, ist kein Scampi, ist kein Krebs, ist keine Garnele, ist keine Krabbe. Sagt Ihnen das etwas? Aber es ist so, und im kulinarischen Fall kann man den Unterschied nachvollziehen. Zu dem Ärgernis, daß Ihnen Heuschreckenkrebse in Italien und anderswo als Scampi und tiefgefrorene Langostinos aus Chile und andernorts als Langustenschwänze serviert werden, muß man dreierlei festhalten. Erstens: Die *squilla mantis* ist überhaupt kein Dekapode, geschweige denn ein Kaisergranat (Scampo); und der Langostino ist ein Furchenkrebs aus der wohlklingenden Familie Galathé, der mit dem Lobster nicht zu vergleichen ist. Zweitens: Diese Tiere schmecken auch sehr gut und oftmals besser als ihre gefälschte Handelsbezeichnung. Na ja, und dann bleibt Punkt drei: Hummer, Languste und Scampi (Kaisergranat) sind in unseren Regionen arg dezimiert und werden schon als Jungtiere aus dem Wasser gezogen. Aber sie sind, weil selten, teuer. Und wenn man Garnelen als solch hochwertige Spezies deklariert, dann sind sie eben noch teurer, solange der Käufer und Gast das nicht merkt.
Man kann das hinnehmen, aber man muß nicht. Schon gar nicht beim eigenen Einkauf. Deshalb schaue ich lieber nach schönen großen Garnelen als nach den armen Granaten, vulgo Scampi. Es spricht für ihre Zubereitung, daß sie von Gibraltar bis Ragusa die gleiche ist: Öl und Knoblauch, Kräuter nach Neigung.

16 Scampi, Gambas oder Riesengarnelen
1 Täßchen Olivenöl
3 Knoblauchzehen
1 Lorbeerblatt
Thymian

Die Schale der Garnelenschwänze schneiden Sie rücklings leicht auf und entfernen den schwarzen Darmfaden.
In einer Schüssel mischen Sie das Olivenöl mit fein gehacktem Knoblauch, einem zerbröselten Lorbeerblatt und zerriebenem Thymian. Darin sollen die Tiere gut gewendet werden und ein wenig ruhen.
Dann haben Sie die Wahl: Entweder Sie stecken die Schwänze hübsch gekrümmt auf Spieße oder Sie breiten sie auf Alufolie aus und garen sie von beiden Seiten unter oder auf dem Grill nur ein paar Minuten, bis sie eine leichte Färbung annehmen; oder Sie sautieren sie, ebenfalls kurz, mit dem Öl in einer schweren Kasserolle. Dann könnten Sie auch ein paar Würfel Tomatenfleisch und etwas Oregano hinzufügen oder einen Schuß Sherry. Manche lieben an der Marinade auch einige Tropfen Zitronensaft, doch ich verwende ihn lieber frisch bei Tisch mit Pfeffer aus der Mühle.
Entscheidend ist: Die Tiere werden in der eigenen Schale gegart, so entfalten sie sich am schönsten.

Grancevola alla veneziana

Je größer Garnelen und Granate, Krabben und Langusten werden, desto fahrlässiger scheint es mir, ihre zarte Eigenart und ihr saftiges Fleisch durch cremige Saucen und heiße Accessoires zu ersticken. Aber man kann sie sanft erhöhen oder kontrastierend begleiten. Wenn Sie lebende oder glaubhaft tagesfrische Taschenkrebse von mindestens Pfundschwere auftreiben können, ist die Attraktion gewiß.

2–3 sehr große Seespinnen
Olivenöl
Zitrone
Pfeffer und Salz

Die Krebse (lebendig!) mit dem Kopf voran in sprudelndes Salzwasser gleiten lassen und – je nach Größe – 8–15 Minuten sieden lassen.

Kalt abduschen und dann die Scheren und Beine vom Panzer abdrehen, das Fleisch auslösen. Mit einem festen Messer die Furchte zwischen Schale und Unterseite aufschneiden, den Körper abheben, halbieren und das Fleisch mit einem Löffel herausnehmen. Magensack und Eingeweide an der Mundseite entfernen. Das restliche Fleisch aus dem Panzer schaben und mit dem zerpflückten übrigen mischen. Dies Ragout würzen Sie behutsam mit Olivenöl und Zitronensaft, etwas frischem weißen Pfeffer und Meersalz und füllen es in die Schalen zurück. Ich würde dazu nur ganz kleine Gäbelchen beilegen.

WEICHTIERE

Sie haben meistens harte Schalen, dann nennt man sie Schnecken und Muscheln. Oder sie haben schon einen Kopf, dann sind sie nach zoologischer Meinung Kopffüßler: Tintenfische, Kalmar, Sepia, Krake. In diesem Falle können Sie auch tiefgekühlte Produkte verwenden. Ich warne Sie indessen vor der schlaffen geputzten Ware und den matten Mäntelchen, die da in den Theken hindämmern. Putzen Sie lieber selbst, auch wenn es bisweilen etwas mühselig ist, Innereien und Schulp, die Augen und den Schnabel, die Tintensäckchen und die Haut (überbrüht!) zu entfernen.

Für die *Garzeit* der Kopffüßler wage ich keine Regel. Sehr kleine wie *moscardini* oder *polpetielli* reagieren in Minuten. Größere *sepie, calamari* und *polipi* manchmal auch – oder sie kippen wieder um und brauchen dann 40–90 Minuten, um *Weich*tiere zu werden. Also hilft nur üben und abkosten: So lernen Sie auch Ihren Lieferanten kennen.

Bei Muscheln weiß ich überhaupt keinen Rat. Sie sind nicht nur Geschmacksache – Austern! Weinbergschnecken! – sondern auch Risiko. Es ist ihre Natur, alles zu filtern, was im Wasser, ihrem Biotop, enthalten ist; und was da hinein gerät, sollten wir am besten wissen und fürchten, denn wir sind die »Verursacher«. Darüber hinaus gibt es Stoffe, die manche Muscheln bereitwillig aufnehmen, die aber manchen Menschen unbekömmlich sind. – Ich mag sie trotzdem.

Salat von Meeresfrüchten

Hier hilft kein Hilfsmittel, nicht Frost noch Konserve. Diese Früchte müssen frisch vom Tage sein, sonst ist die Mühe vertan und der Effekt dahin.

400 g *moscardini* oder *polpetielli* oder *calamaretti: Tintenfischchen*
600 g vongole: kleine Kammuscheln
300 g *gamberetti*: knackige Garnelen
Meersalz
Weinessig
Olivenöl
Petersilie
Pfeffer aus der Mühle

Die kleinen Tintenfische müssen Sie gut putzen, aber nur die größeren zerteilen. Dann in siedendem Salzwasser mit einem Schuß Essig fünf Minuten garen und abgießen.
Auch die kleinen Muscheln muß man unter fließendem Wasser waschen und bürsten und die offenen wegwerfen. Dann werden sie in einer Kasserolle mit Öl übergossen und unter dem Deckel gedünstet, bis sie sich öffnen. Dann heben sie die Muscheln heraus und lösen ihr Fleisch aus, vermengen es mit den Tintenfischchen. In der heißen Muschelbrühe ziehen die Garnelen in der Schale bei kleiner Hitze in fünf Minuten gar. Dann puhlen Sie auch hier die Schwänze aus und mischen sie mit gehackter Petersilie zu den anderen Früchtchen.
Aus zwei Löffeln Essig und sechs Löffeln Öl schlagen Sie jetzt mit etwas Muschelsud eine Marinade, die mit ein bißchen Meersalz und weißem Pfeffer aus der Mühle abgekostet wird. Darin ruhen dann die *frutti di mare* ein paar Stunden – kühl, aber nicht kalt. Als Beigabe gefallen mir da Schalen mit grünen Oliven – mit Kernen, Paprika oder Mandeln gefüllt.

Polipo alla Luciana

Das lohnt wirklich nur mit großen fleischigen Kraken. Wenn Sie junge handgroße Exemplare verwenden, können die in einer halben Stunde gar sein – große brauchen auch mehrere halbe Stunden.

1–2 Kraken *(polpo)*
Pfefferkörner
Lorbeerblatt
1 Bund Petersilie
1 Peperoncino
2 Knoblauchzehen
Zitrone
6 Löffel Olivenöl

Den Tintenfisch müssen Sie sorgfältig putzen und waschen. Die Haut entfernt sich leichter, wenn Sie heiß überbrühen, das Fleisch soll am Ende ganz weiß sein – ich bin allerdings bei den Saugnäpfen etwas großzügiger und lasse sie dran.
Dann wird das Tier in Salzwasser mit einigen Pfefferkörnern, Petersilienstengeln und Lorbeerblatt gegart: Mit einem Zahnstocher, können Sie prüfen, wann das Fleisch zart ist. Der Sud eignet sich übrigens hervorragend für weitere Fischgerichte als Fonds!
Das Fleisch wird noch warm in Gabelbissen geschnitten und mit der frischen gehackten Petersilie, der entkernten streifigen Pfefferschote und fein gehacktem Knoblauch gemischt. Dann schlagen Sie aus dem Saft einer halben Zitrone mit dem Olivenöl (aus Lucca natürlich!) und ein paar Löffeln warmem Kochsud eine Marinade, gießen die über den Salat und können gleich warm oder später stärker mariniert auftragen.
Die Sache wird etwas ergiebiger und nicht minder pikant, wenn Sie Röllchen von einigen Frühlingszwiebeln und die Schnitzchen einer Selleriestange unterheben.

Torpedos

Sie können natürlich auch die halbe Menge dieser spanischen Torpedos bereiten – aber sie schmecken wie feine Rouladen auch kalt und aufgeschnitten in der Tomatensauce hervorragend.

8 Tintenfische: *calamares*
2 trockene Semmeln
Hühnerbrühe (Extrakt)
300 g Blattspinat
2 Zwiebeln
1 Ei
6 Anchovisfilets
2 Knoblauchzehen
Salbei und Muskat
Pfeffer und Salz
1 Glas Weißwein
1 Dose geschälte Tomaten
Thymian und Oregano
Olivenöl

Die Tintenfische werden wieder sauber geputzt und gehäutet. Beschädigen Sie die Mäntel nicht, denn die werden als *torpedos* gefüllt! Die Fangarme und Kopfstücke hingegen werden klein geschnitten und mit einer gehackten Zwiebel in Olivenöl geschmort, bis die Flüssigkeit verdunstet ist, denn das brauchen wir für die Füllung.
Und außerdem: Die Semmeln in heißer Hühnerbrühe einweichen. Den Spinat waschen, im eigenen Saft dünsten, bis er zusammenfällt, dann in einem Sieb abtropfen lassen und rasch durchhacken. Die Sardellenfilets trockentupfen und wie die Knoblauchzehen fein schneiden. Das aufgeweichte Brot auspressen und zerpflücken.
Nun wird alles zur Farce verarbeitet: Die Zwiebelmischung aus der Pfanne mit dem Spinat und dem Brot, Anchovis und Knofl und einem aufgeschlagenen Ei. Und dann mit frisch geriebener Muskatnuß und mit zerbröseltem trockenen Salbei, Pfeffer und Salz abgeschmeckt.
Diese Farce füllen Sie in die Calamares und nähen oder stecken die Torpedos zu.
Sie werden in einer tiefen Pfanne mit reichlich Olivenöl ringsum angebraten und mit Weißwein abgelöscht. Die Tomaten und den Saft aus der Dose können Sie direkt darüber gießen. Mit zerbröseltem Thymian und Oregano, einer Prise Zucker und Pfeffer und Salz bestreuen. Den Deckel aufsetzen und bei kleiner Hitze eine Stunde schmoren lassen. Dazwischen gelegentlich wenden und heiß, warm oder kalt servieren.

RICHTIGER FISCH

Nein, nein, das soll nicht nur die Seebewohner mit Flossen, Kiemen und Gräten von den Millionen anderer Meerestiere zwischen Krill und Killerwal unterscheiden. Es ist zugleich der Hinweis, daß man den zarten Geschmack des Fischfleisches in all seinen Variationen selten so unverfälscht genießen kann wie in der sanften Zubereitung, die dann Antipasti und Appetithappen eigen ist. Und natürlich kommt hinzu, daß bei diesen Vorgerichten Zunge und Gaumen neuen Eindrücken und Anregungen noch besonders offen sind.

Das bedeutet einmal, daß Sie davor und dazu wirklich nur leichten und trockenen hellen Wein kredenzen sollten – dazu könnte auch ein Rosé oder ein Sherry zählen. Ausnahmen erlauben nur nordische Spezialitäten, da darf es ein herbes Pils sein.

Und zum anderen heißt es: Sie müssen wirklich auf den *richtigen* Fisch achten. An- oder eingefrorene Ware dürfen Sie nicht verwenden. Vorfiletierte Stücke ebensowenig, auch wenn sie noch so prall ausschauen. Der sicherste Weg: Fragen Sie Ihren Händler, ob man *diesen* Fisch roh essen oder ob er solchen empfehlen könne. Das treibt ihn um und im richtigen Fall in den Kühlraum, wo er ein geeignetes Exemplar herausfischt, um Ihnen das gewünschte Stück auszulösen. Noch besser: Sie machen das dann selber zu Hause. Der Hinweis auf den Rohzustand steht nicht von ungefähr. Frischer Fisch, ob Lachs oder Makrele, schmeckt zart geschnitten so delikat, daß jedes Rindtatar dagegen als fades Füllsel erscheint. Womit wir bei den Vorurteilen der Karnivoren, der fleischfressenden Geschöpfe sind. Guter Fisch schmeckt weder fischig noch tranig, und guter Fisch heißt nicht nur Lachs, Salm oder Saumon, sondern auch Sardelle und Sardine, Brasse und Barbe, Makrele und Hering, Butt und Barsch, Forelle oder Thunfisch.

Sashimi

In Japan hat man den Genuß rohen Fisches auch ästhetisch zu einer Perfektion entwikkelt, die nicht nur Hobbyköche neidvoll erblassen läßt. Ein lackglänzendes Tablett mit zierlich drapierten *sashimis* oder *sushi* ist eine Augenweide, die an der Gaumenfreude keinen Zweifel läßt und jedes Vorurteil hinwegfegt. Mit so hoher Kunstfertigkeit ist schwer zu konkurrieren – doch deshalb muß man auf den Genuß nicht verzichten.

Unabdingbar ist nur eines: Der Fisch muß frisch vom Tage sein. Bei den Sorten allerdings haben Sie große Auswahl und sollten pro Person mit etwa 150 Gramm rechnen. Am besten verwenden Sie ganze Filetstücke, die mit einer Pinzette von allen Gräten befreit und dann von der Haut geschnitten werden, wobei Sie auch jeden Fettrand entfernen. Die Schnittechnik richtet sich nach der Konsistenz des Fleisches.

- Lachs, Merlan, Makrele, Lachsforelle oder Hecht wird senkrecht in Scheiben von höchstens einem Zentimeter Stärke geschnitten. *Hira giri* nennt sich diese Methode.
- Thunfisch hat besonders kräftiges Fleisch und wird darum zuerst in Scheiben geschnitten und dann in Würfel: *Kaku giri.*
- Heilbutt, Steinbutt, Seezunge, Meerbrassen und Seebarsche, Forelle und Zander: All die Fische mit feinem weißen Fleisch schneiden Sie schräg zur Faser in hauchzarte Scheiben: *Usu zukuri.*

Und nun dekorieren Sie die verschiedenen Sorten kunstvoll auf dekorative Teller. Drei oder vier Arten genügen durchaus; frische Austern und Garnelen dürfen Sie im ganzen dazu betten. Von fadenförmig geschnittenen Tintenfischen rate ich ab, weil die im Binnenland nie so zart zu bekommen sind.

Als Beigabe reichen dem Puristen eigentlich schon Limettenscheiben und eine Pfeffermühle. Zum Original gehört ein Schälchen mit Sojasauce, die Sie mit etwas Reiswein und evtl. Zitronensaft mischen können, und eines mit *wasabi*: Das ist grüner Meerrettich, den Sie als Pulver kaufen und mit etwas Wasser zur Paste anrühren können.

Sushi

Sushi sind ein ideales Vorgericht, wenn Sie eine größere Zahl von Gästen erwarten. Denn erstens läßt sich das wunderbar vorbereiten und dekorieren – auf schwarzem und leuchtend rotem Untergrund wirken diese belegten Reisröllchen ungeheuer attraktiv. Zweitens kann man diese Mundhappen auch stehend und mit dem Glas in einer Hand sehr bequem und anmutig verzehren. Und drittens ist damit nicht nur die Wartezeit auf den Hauptgang leicht zu überbrücken, sondern der darf auch besonders leicht und duftig sein, weil Ihre Freunde durch den Reis schon ein wenig vorgesättigt sind.
Was Sie brauchen, sind einmal *sashimi*, also Scheiben und Stückchen von rohem Fisch, auch Garnelen oder Kaviar, pro Person an die 100 Gramm. Damit belegen Sie in bunter Folge Röllchen von säuerlichem Reis. Die Menge reicht gut für vier Personen.

1 Tasse Rundkornreis
1 Tasse Wasser
1 Blatt Seetang: *kombu* oder *nori*
2 Löffel milder weißer Weinessig
1 Löffel brauner Zucker
1 Löffel Reiswein oder Sherry dry
1 starke Prise Salz

Am einfachsten, Sie verwenden italienischen Arborio-Reis; Langkorn ist nicht geeignet, der klebt zuwenig. Seetang bekommen Sie getrocknet oder eingelegt auch in großen Kaufhäusern. Und der Reiswein, *sake* oder *mirin*, (süßlich) leicht angewärmt, ist natürlich das stilgerechte Getränk.

Der Reis wird in einem Sieb unter fließendem Wasser durchgeschüttelt und soll trocknen, ehe Sie ihn mit der gleichen Menge Wasser und dem abgespülten Tang aufkochen. Umrühren, zudecken und bei kleinster Hitze zehn Minuten quellen, dann weitere zehn Minuten ziehen lassen. Essig und Wein, Zucker und Salz werden zur Marinade verrührt. Die heben Sie unter den warmen Reis, dem Sie den Tang entnommen haben. Ist der Reis ausgekühlt, so formen Sie daraus Röllchen von kleiner Daumengröße. Die werden adrett mit Fisch belegt und mit den Fingern aufgenommen.

Ceviche

In Mexico macht man sich zunutze, daß roher Fisch unter Zitronensaft fest, weiß und quasi gegart wird. Sie sollten dazu unbedingt mexikanische Chili (aus dem Glas) und frischen Koriander verwenden.

300 g Makrele, Butt oder Seeteufel
2–3 Zitronen oder Limonen
2–3 Chilischoten
2–3 Tomaten
1 Avocado
1 Handvoll Perlzwiebeln
1 Bund frisches Koriandergrün

Das filetierte Fischfleisch wird in Würfel geschnitten, mit dem Zitrussaft übergossen, vermengt und ca. drei Stunden kühl gestellt. Das Fruchtfleisch der Chili, Tomaten und Avocado wird ebenfalls gewürfelt und mit den abgetropften kleinen Zwiebeln unter den Fisch gehoben. Pfeffer und Salz brauchen Sie wenig; aber wenn Ihnen die Säure zu harsch ist, können Sie mit Olivenöl mildern.
Zum Schluß die Hälfte des gehackten Koriandergrüns unterziehen, die andere überstreuen.

Kilaw

Das ist eine philippinische Variante des Fischsalates mit besonders exotischem Dressing. Kokossahne und Kurkuma erhalten Sie in Asia-Shops.

400 g festes Fischfilet, z. B. Rotbarsch
1 Zwiebel
4 Zitronen
1 bunte Paprikaschote
3 Frühlingszwiebeln
2 Tomaten
1 Knoblauchzehe
1 Ingwerknolle
1 Täßchen Kokossahne: *Creamed Coconut*
1 starke Prise Kurkuma
Pfeffer und Salz
Koriandergrün

Dem frisch filetierten Fisch ziehen Sie mit der Pinzette alle Gräten und zerlegen ihn zu Mundhappen. Diese werden zusammen mit der grob gehackten Zwiebel im Saft der Zitronen einige Stunden mariniert.
Die entkernte Paprika wird in Stückchen, das Weiße der Frühlingszwiebeln zu Röllchen und das Fleisch der geschälten Tomaten grob geschnitten, der Koriander gehackt.
Knoblauch und Ingwer schneiden Sie fein, ehe Sie diese mit der Kokossahne und Kurkuma im Mixer durchquirlen und mit Pfeffer und Salz abschmecken. Nun braucht man nur noch den Fisch in ein Sieb zu geben und etwas trockenzutupfen, alle Zutaten zu mischen und in Portionsschalen bereitzustellen.

Boquerónes al vinagre

Fangfrische Sardellen bekommen Sie an allen Fischtagen. Verachten Sie die kleinen Kerlchen und die Mühe nicht. Sie lohnen es mit den leckersten Vorspeisehappen, die man – mariniert – auch einige Tage aufbewahren kann. In diesem Falle: *tapas.*

500 g Sardellen
1 Glas weißer Weinessig
Pfeffer und Salz
2 Knoblauchzehen
1 Bund Petersilie
Olio di oliva extra vergine

Die Sardellen schlitzen Sie an der Bauchseite längs und ziehen den Kopf mitsamt der Mittelgräte und den Innereien heraus. Überspülen und flach auf Küchenkrepp trocknen und abtupfen.
Dann werden sie in einer Porzellanschale mit Essig begossen und über Nacht kühl gestellt.
Anderntags dekorieren Sie die abgetropften Filets mit dem Fleisch nach oben und den Schwänzen zum Anfassen als Rosette auf einer Platte und übermahlen sie zurückhaltend mit Pfeffer und Salz. Petersilie und Knoblauch werden miteinander sehr fein gewiegt und über die Platte gestreut. Und dann brauchen Sie sie nur noch großzügig mit exzellentem Olivenöl zu begießen. Die Würze soll ein wenig einwirken.

◁ Ceviche, Rezept Seite 83

Alici a scabece

Sardellen nach Art der Campania zubereitet.

500 g Sardellen
Mehl
Viel Öl zum Ausbacken
1 Gläschen trockener Weißwein
4 Löffel Weinessig
2 Schalotten
2 Knoblauchzehen
3 Lorbeerblätter
Einige Pfefferkörner
Getrockneter Thymian und Rosmarin

Die Sardellen werden aufgeschlitzt: Kopf, Gräte und Inneres abziehen. Die Filets in Mehl wenden. Dann rasch in viel heißem Öl auf jeder Seite eine Minute ausbacken.
Eigentlich können Sie diese Delikatesse jetzt schon auf einer heißen Platte mit Kreppapier als Unterlage und Zitronenschnitzen und einer Pfeffermühle zum Würzen heiß servieren.
Aber als *scabece* werden sie zuerst mariniert.
Dazu schneiden Sie Schalotten und Knoblauch sehr fein, zerstoßen Pfefferkörner und Lorbeer, Thymian und Rosmarin mit etwas körnigem Salz im Mörser und köcheln diese Würzung in Wein und Essig zehn Minuten durch.
Die Marinade wird warm über die *alici* gegeben, die darin 24 Stunden ziehen sollen.
Auf die gleiche Weise können Sie auch mit den etwas größeren Sardinen oder Weißfischen aus dem Süßwasser verfahren.

Sardinas in tegame

Das ist eine warme Vorspeise, für die Sie am besten kleine feuerfeste Tiegel oder Keramikpfännchen benutzen.

8 Sardinen
4 Tomaten
4 Knoblauchzehen
1 Bund Petersilie
Cayennepfeffer, Zucker und Salz
Olivenöl und Weiwein

Die Sardinen müssen Sie schuppen und ausnehmen, dann die Köpfe abschneiden und trocken wischen. Je zwei werden in geölte Förmchen gebettet. Aus den geschälten, entkernten und gehackten Tomaten bereiten Sie mit gehacktem Knoblauch und Petersilie einen Sugo, der mit Cayennepfeffer, einer Prise Zucker und Salz abgeschmeckt wird. Den verteilen Sie über die Fische, träufeln Öl darüber und schieben die Förmchen bei 180 Grad in den Ofen. In einer halben Stunde sind die Sardinen gar; aber bisweilen muß man etwas Wein zugeben, damit die Sauce nicht austrocknet.

Friesensalat (links) und Heringsalat, Rezept Seite 90 ▷

Friesensalat
(Abb. Seite 88/89)

Natürlich dürfen die herzhaften nordischen Spezialitäten hier nicht fehlen. Kenner wissen, daß diese sich leicht zu einer reichhaltigen Tafel mit kalten und warmen Gerichten auswachsen.

200 g Feldsalat
100 g Schinkenspeck
200 g Schillerlocken
2 Eier
3 Löffel Sherryessig
1 Löffelchen Senf
2 Löffel Sahne
Zucker, Pfeffer und Salz

Den kräftigen Feldsalat gründlich waschen und vorsichtig putzen, so daß die Rosetten erhalten bleiben. Auf Portionsschalen verteilen.
Den Speck fein schneiden, in einer Pfanne auslassen und die knusprigen Würfel über den Salat streuen. Den festen Räucherfisch mit der Faser in dünne Scheiben schneiden und ebenfalls aufteilen. Die Eier hart kochen.
Aus Essig, Senf und Sahne schlagen Sie ein Dressing, das mit wenig Zucker, frischem Pfeffer und Salz abgeschmeckt wird.
Dressing über die Salatschalen träufeln und mit Eischeiben garnieren.

Heringsalat
(Abb. Seite 88/89)

2–3 marinierte Heringfilets
1–2 säuerliche Äpfel
1 kleine Zwiebel
1 Tasse saure Sahne
Pfeffer und Salz
Rosenpaprika und Zucker
Kresse

Die Filets tupfen Sie trocken und schneiden sie in feine Streifen. Die geschälten Äpfel werden halbiert, entkernt und in feine Scheiben geschnitten über den Fisch verteilt, ebenso die feinen Zwiebelscheiben.
Die Sahne schmecken Sie mit Pfeffer und Salz, Paprika und wenig Zucker ab, gießen sie über den Salat und lassen ihn kühl durchziehen. Mit Kresse garnieren.

Tomatensild

200 g marinierte Sild
2 Löffel Mayonnaise
1 Löffel Tomatenmark
3 Löffel Joghurt
1–2 Schalotten
Zitrone, Zucker und Salz
2 Eier

Die Sildfilets drapieren Sie, Fleisch nach oben und Schwänzchen gereckt, auf einer Platte. Aus den übrigen Zutaten komponieren Sie mit der gehackten Schalotte ein intensives Dressing, das über den Fisch gegossen wird und einziehen soll.
Vor dem Auftragen mit gehackten Eiern bestreuen.

Pastel de atún

Zu den Tapas zählen diese delikaten kleinen Pasteten aus Thunfisch, die Sie leicht, wenn auch behutsam, mit dem Mixer bereiten können. Zur Begleitung gehört eine kräftige Aïoli-Crème *(alioli)* und frisches, ungesäuertes Weißbrot.

1 Dose Thunfisch in Öl
2 Scheiben Weißbrot
Milch
4 Anchovisfilets
1 Ei
60 g Parmesan
Zitrone
Cayennepfeffer und Salz
Semmelbrösel

Die Brotscheiben in Milch einweichen und dann gut ausdrücken. Zusammen mit dem Thunfleisch – ich gieße das Dosenöl ab und gebe einen Schuß frisches Olivenöl zu – und den Anchovis im Mixer verquirlen, dann das Ei und den frisch geriebenen Käse einziehen. Mit Zitronensaft, Pfeffer und Salz abschmecken. Ist die Crème auch nach einigen Minuten noch zu flüssig, mengen Sie etwas Semmelbrösel ein.
Die Masse in vier Portionsförmchen füllen. Die wiederum stellen Sie in eine Pfanne oder Form mit hohem Rand und gießen heißes Wasser bis unter den Rand der Förmchen ein. Das ganze Wasserbad mit Alufolie abdecken und bei 170 Grad in den Ofen schieben. Nach einer dreiviertel Stunde sollten die Pasteten gestockt sein. Herausnehmen und die Förmchen zum Auskühlen später in den Kühlschrank stellen. Vor dem Stürzen die Pastetchen mit einem Messer vom Rand lösen und mit der Aioli servieren.

Aus dieser Farce können Sie übrigens ebensogut Croquetas de atún bereiten.
Sie binden die Farce dann nur mit etwas Mehl statt mit Semmelbröseln, formen daraus kleine Kroketten und wenden diese in zerquirltem Ei und Semmelbröseln, bevor sie in reichlich Öl ausgebacken werden.

Rahmkaviar

Kaviar und Krabben gehören wie geräucherter Fisch vom Bückling bis zum Stör zu jedem Fisch-Arrangement, und eine Schale fester Rahm darf als Beilage nicht fehlen. Für diese Leckerei sollten Sie allerdings weder Malossol noch Sevruga opfern – aber knackiger Keta sollte es schon sein und kein Dorschrogen.

100 g Kaviar
100 g Doppelrahmkäse
1 Täßchen saure Sahne
Zitronensaft und frischer Pfeffer
8 kleine Tomaten

Mit einer Gabel oder dem Quirlstab verarbeiten Sie Käse und Sahne zur Crème, die mit Zitrone und weißem Pfeffer verkostet wird. Salzig wird sie durch den Kaviar, den Sie dann einziehen.
Den Tomaten schneiden Sie die Kappe ab und höhlen sie vorsichtig mit einem kleinen Löffel aus. Mit dem Rahmkaviar füllen.

Hähnchensalat, amerikanisch, Rezept Seite 95 ▷

Fleisch vom Feinsten

Fleischige Kost zur Vorspeise – das ist immer etwas schwierig. Denn leicht soll sie sein, den Gaumen auf den Geschmack bringen, den Magen öffnen. Doch Fleischeskost und Fleischeslust lassen uns leicht zum Gourmand werden, der Appetit hat das Nachsehen und der/die Gastgeber(in) eine Tischrunde, die dem Auftragen der *pièce de résistance* mit leisem Schrecken entgegensieht.

Das erste Gebot muß hier also lauten: Seien Sie sparsam. Verwenden Sie kleine Platten und Schalen oder, noch besser, Portionsformen. Scheiben, Kugeln und Spießchen dürfen Sie getrost nach den Köpfen der Gästeschar abzählen, um der Gier zu wehren, denn seien Sie sicher: Die rechnen schnell! Ich würde freilich nicht so weit gehen, jede Ration mit einem Namensschild zu versehen...

Das zweite Gebot ist kulinarischer Art: Verwenden Sie wirklich nur Fleisch vom Feinsten. Bei den Antipasti ist der Gaumen so offen wie die Erwartung groß, und ein massiver Eindruck würde beide zerstören. Um es einfach zu sagen: Nur Barbaren kämen auf die Idee, als Vorgang statt hauchzarter Mailänder Salami oder eines Carpaccio eine deftige Lyoner oder gar einen bayerischen Wurstsalat zu reichen.

Das hat nun eine zweite geschmackliche Komponente zur Folge, die ich aus ebensolchen Rücksichten nicht gleich zum Gebot erklären will. Es kommt nicht nur auf die Qualität der Ware – auch eine Lyoner kann vorzüglich sein! –, sondern ebenso auf die Natur des Fleisches an. Zart soll es sein, leicht bekömmlich, flüchtig im Geschmack. Dies alles zugleich kann ich von einem Schweinerücken oder einer Rinderhüfte kaum verlangen; bei Medaillons, Filets oder auserlesen Gehacktem schon eher. Vor allem aber bei Geflügel, das darum hier an erster Stelle rangiert. Und bei einigen Innereien wie Leber oder Bries.

Das dritte Gebot überrascht keinen Kundigen: Keine Regel ohne Ausnahmen! Mit kulinarischer Phantasie können Sie auch ein Menü zusammenstellen, das intensivere Vorspeisen verträgt. Bei einer großen Gästezahl kann es durchaus ratsam sein, die Zuteilungen reichlicher zu dosieren. Und es gibt auch kleine Gelegenheiten unter Freunden und große Anlässe der Familie, bei denen sich eine Kombination solcher ff. Köstlichkeiten zum opulenten Buffet gestalten läßt, das jeden Appetit befriedigt und keiner Ergänzung bedarf.

Hühnersalat

2 Brustfilets vom jungen Huhn
1 Löffel Butter
2 Eier
1 kleiner Salatkopf »Romana«
1 Kästchen Kresse
3 Löffel Sonnenblumenöl
1 Löffel *Aceto balsamico* (Essig)
Pfeffer und Salz aus der Mühle
1 Löffel Crème fraîche
1 Eidotter
Etwas Dijon-Senf

Die gehäuteten und abgetupften Hühnerfilets braten Sie in der Butter von beiden Seiten rasch an und stellen das Pfännchen beiseite. Unterdessen werden zwei Eier hartgekocht, kalt abgeschreckt und geschält. Dem Salat die schönen Blätter abreißen: Waschen, trockenschleudern und in kleinfingerbreite Streifen schneiden. Die werden in vier Portionsschalen verteilt und mit der Hälfte der abgeschnittenen Kresse bestreut.
Aus Öl und Essig mit frischem Pfeffer und Salz eine Marinade schlagen, die über die Salatschalen geträufelt wird. Dann geben Sie die im Drahtschneider kreuz und quer gewürfelten Eier darüber.
Jetzt nehmen Sie die warmen Hühnerbrüstchen aus der Pfanne, schneiden sie quer in feine Scheiben und setzen sie hübsch gefächert auf die grünen Wiesenstücke.
Im Bratsaft wird die Sahne mit dem rohen Eigelb aufgerührt, mit Senf abgeschmeckt und dann auf das Fleisch getropft – nur auf das Fleisch! Mit der restlichen Kresse besprenkeln und gleich servieren.

Hähnchensalat, amerikanisch

(Abb. Seite 92/93)

1/2 gegrilltes Hähnchen
1 herber Apfel
1 kleine Sellerieknolle
1 Zitrone
1 Ananas
2 Löffel Mayonnaise
1 Löffel Crème fraîche
2 Löffel Joghurt
1 Löffel Ananassaft
Cayennepfeffer, Curry und Salz
1 kleiner Friseésalat
Mandelblättchen

Sie ahnen richtig, daß man dies alles natürlich aus Dosen und Fertigprodukten bestreiten könnte – aber mit frischer Ware zubereitet ist es unbestritten köstlich. Das heißt: Auch das Grillhuhn sollte nicht vom Vortag, sondern noch warm sein.
Hähnchen häuten, entbeinen und in kleine Mundhappen zerteilen.
Apfel und Sellerie schälen, würfeln und mit Zitronensaft mischen, damit ihr Fleisch hell bleibt. Die Ananas schneiden Sie in Scheiben und trennen großzügig die Schalen ab. Zwei Scheiben werden gewürfelt, aus einer pressen Sie den notwendigen Saft für die Sauce, und die übrigen verwenden Sie in Schnitzen zur Garnitur.
Mayonnaise, Sahne und Joghurt werden gut verquirlt und mit Ananassaft und den Gewürzen intensiv abgeschmeckt.
Nun mischen Sie Fleisch und Früchte mit der Marinade, verteilen die abgezupften Salatblättchen als Unterlage auf Portionsschalen und geben den Salat darauf. Er wird am Rand mit Ananas dekoriert und mit den Mandelblättchen bestreut, die Sie zuvor rasch noch hell anrösten.

Geflügelleber auf Salaten

Warme Fleischstückchen auf herben Salatblättern bieten einen besonders reizvollen Kontrast. Nur zart müssen sie sein, Geflügel muß es nicht sein. Darum können Sie dies auch einmal mit Kalbsleber oder Bries, mit Entenbrust oder Lammnierchen versuchen.

200 g Geflügelleber
1 Löffel Butter
1 Gläschen Grappa oder Brandy
Je eine Handvoll Feldsalat, Radicchio, Friseé und Champignons und eine Möhre
2 Löffel *aceto balsamico* (Essig)
Dijon-Senf, Pfeffer und Salz
4 Löffel Olivenöl extra vergine

Zuerst putzen und zerzupfen Sie die Salatblättchen, schneiden die Pilzköpfe in Scheiben und raspeln die Möhre: Alles wird vermischt und auf vier Portionsschalen verteilt. Die Marinade aus Essig, Gewürzen und Öl können Sie auch gleich aufschlagen.
Die Lebern werden gut gesäubert, größere – wie von der Pute – in Gabelhappen zerteilt. Unterdessen schmilzt die Butter in einem Pfännchen, und darin braten Sie die Leberstückchen rosa an, beträufeln sie mit dem Weinbrand und würzen dann mit Pfeffer und Salz: Rasch vom Herd nehmen.
Den Bratsaft mischen Sie jetzt unter die Marinade und besprenkeln damit die Salate. Zum Schluß wird das Fleisch darauf gegeben und warm gereicht.

Leberschnitten »saltimbocca«

»Maulhüpfer« sind auch die römischen Vorbilder, zarte Kalbsschnitzelchen. Hier wandeln wir sie mit etwas würzigerer Grundlage ab. Natürlich können Sie auch Kalbsleber verwenden – die ich vorher in Milch einlege.

300 g Putenleber
100 g Bacon oder Frühstückspeck
Einige Zweige Salbei
Butter und Öl
Sherry medium
Frisch gemahlener Pfeffer und Salz

Die Putenleber schneiden Sie schräg in mundgerechte Scheiben. Die werden mit einem gleich großen Streifen Speck und einem schönen Salbeiblatt belegt, die Sie mit Holzstickern festpicken.
Nun erhitzen Sie in einer schweren Pfanne eine Mischung von Butter und Öl, der Boden muß gut bedeckt sein. Und das Fett soll sieden, wenn Sie jetzt die Schnitten mit dem Blatt nach unten einlegen, weil der Salbei seinen Duft mitteilen und bräunen soll.
Nach zwei, drei Minuten die Hitze reduzieren, die Schnitzelchen wenden und in drei Minuten fast gar schmoren.
Sherry darüber träufeln, mit Pfeffer und Salz bemahlen und am schönsten in der Pfanne servieren.

Pollo al tonno

Die italienische Variante ist vom *vitello tonnato* abgeleitet: Hier also kaltes Huhn unter Thunfischsauce.

- 300 g Hühner- oder Putenfilet
- 1 Bund Suppengrün
- Olivenöl
- 1 kleine Dose Thunfisch in Öl
- 1 Löffel Kapern
- 3 Sardellenfilets
- 2 Eier
- Zitrone
- Pfeffer und Salz

Das geputzte und zerkleinerte Suppengrün wird in schwach gesalzenem Wasser zum Kochen gebracht. In der leise siedenden Brühe garen Sie zehn Minuten die Geflügelfilets und lassen sie darin kühl werden. Dann in Scheiben tranchieren und auf eine Platte ausbreiten, mit etwas Olivenöl besprenkeln. Der abgetropfte Thunfisch wird im Mixer mit Kapern und Sardellen verquirlt. Jetzt ziehen Sie ein rohes Eigelb ein und etwas Öl und schmecken mit Zitrone, Pfeffer und Salz ab. Ist die Paste zu dick, so geben Sie etwas Brühe hinzu, denn die Sauce wird jetzt über die Fleischplatte gegossen.
Als Dekor verwenden Sie die Würfelchen vom zweiten, hartgekochten Ei.
Unter dieser Thunfischsauce können Sie natürlich auch zarte Streifen von Kalbfleisch oder sehr dünne Scheiben von einem Tafelspitz servieren.

Pollo en escabeche

Das marinierte Huhn ist ein erfrischendes Vorgericht für heiße Sommertage und reicht gut für sechs Gäste.

- 1 Poularde
- 1 Täßchen spanisches Olivenöl
- 2 Glas Weißwein aus Vilafranca del Penedès (Katalonien)
- 2 Löffel Apfelessig
- 1/2 Zitrone
- 2 Knoblauchzehen und Lorbeerblätter
- Pfefferkörner und Wacholderbeeren
- Orangen- und Zitronenschnitze

Das Huhn übergießen Sie in einer tiefen Kasserolle mit dem würzigen Olivenöl und braten es rundum an. Unterdessen kochen Sie die übrigen Zutaten mit einer Prise Salz zur Marinade auf.
Die wird über das Huhn gegossen, die Kasserolle zugedeckt und eine Stunde bei 160 Grad in den Ofen geschoben. Dabei sollten Sie das Huhn ein-, zweimal wenden.
Es kühlt in der Marinade ab und kann dann – Wenden nicht vergessen! – »en escabeche« einen Tag im Kühlschrank rasten.
Schließlich wird es gehäutet, in gabelfertige Stücke zerlegt und auf irdener Platte kalt mit Orangen- und Zitronenschnitzen serviert. Deren Saft tropft man über die Gabelbissen.

Huhn in Austernsauce

In China heißt das *ho yau mun gai* und wird, aus dem ganzen Tier bereitet, zum Hauptgericht. Wenn Sie als Liebhaber fernöstlicher Küche die Zutaten sowieso zur Hand haben, ist dieses exotische Hors d'œuvre rasch vorbereitet.

- 300 g Hühnerbrust
- 1 Stange Sellerie
- 1 Schalotte
- 2 Löffel Honig
- 1 Löffel Austernsauce
- 1 Löffel helle Sojasauce
- Fünf-Gewürz-Pulver und Salz
- 2 Frühlingszwiebeln
- 1 kleine Ingwerknolle
- 2 Löffel Sesamsamen

Gehackte Selleriestange und Schalotte kochen Sie in wenig Wasser auf und simmern in diesem Sud für zehn Minuten die Hühnerfilets. Diese kühlen dann darin aus, werden in dünne Scheiben tranchiert und auf einer Platte gefächert.
Aus Honig, Austern- und Sojasauce rühren Sie mit Fünf-Gewürz und Salz einen kräftigen Jus, der über die Hühnerscheiben verteilt wird und eine gute halbe Stunde einziehen soll.
Vor dem Auftragen streuen Sie Röllchen der Frühlingszwiebeln darüber, reiben den geschälten frischen Ingwer darauf, und zum Schluß kommen die in trockenem Pfännchen rasch gebräunten Sesamsamen darüber.

Fritto misto alla romana

Für Freunde zarter Innereien ist dies eine unvergleichliche Delikatesse. Und da sie nicht nur köstlich und leicht verdaulich, sondern ihre Vorbereitung mit etwas Mühe verbunden ist, die Friteuse aber ohnehin bereit steht, empfiehlt sich gleich eine größere Ration. Die hier angegebene reicht für sechs Personen als Vorspeise.

- Je 150 g Bries, Hirn, Leber und Nieren vom Kalb
- Mehl
- 2 Eier
- Pfeffer und Salz
- Sonnenblumen- oder Erdnußöl zum Fritieren
- 1 Glas Artischockenböden
- 2 Zitronen

Die Innereien müssen Sie gut säubern und dann in mundgerechte Stücke schneiden. Sie werden erst in Mehl gewälzt und dann in den Eiern, die Sie mit etwas Pfeffer und Salz verquirlt haben.
Auch die Artischocken, geviertelt, können Sie so behandeln. Aber sie sind, trocken getupft und mit etwas Knoblauchöl beträufelt, auch unfritiert eine deliziöse Beigabe.
In dem erhitzten Öl werden die Mundhappen nun nacheinander goldbraun ausgebakken, dann auf Küchenkrepp abgetropft und auf einer Platte im Ofen warmgestellt.
Vor dem Servieren garnieren Sie die Platte mit Zitronenschnitzen, deren Saft auf die »frittura« getropft wird.

Wonton

Das sind diese leckeren Teigtaschen, die Sie aus der zart gewürzten Chinasuppe kennen, und es bleibt Ihnen überlassen, ob Sie die nun in einer Brühe garen wollen oder fritiert kredenzen. Beides ist köstlich, doch der Clou ist die Füllung. *Dai bao,* den Teig aus Mehl und Backpulver, Zucker und Schmalz, Wasser und Essig – den sollten Sie der Einfachheit halber »beim Chinesen« kaufen.

250 g Schweinefleisch
125 g Garnelen
100 g Bambusschößlinge
4 Frühlingszwiebeln
50 g Shiitake-Pilze
1 Löffel helle Sojasauce
Sesamöl und Salz
250 g Wonton-Hüllen (dai bao)
Fleischbrühe oder Erdnußöl
Frisches Koriandergrün

Nach altem chinesischem Brauch werden alle Zutaten mit dem Küchenbeil fein faschiert. Sie können es sich einfacher machen, indem Sie Fleisch und Garnelen, Bambus, Zwiebelstengel und Pilze durcheinander durch den Fleischwolf treiben. Dann wird das Haschee noch einmal durchgearbeitet und mit Sojasauce, Sesamöl und Salz zum Füllsel abgeschmeckt.
Der Teig ist – oder wird – sehr flach ausgerollt und in kleinfingergroße Vierecke geteilt. In deren Mitte setzen Sie je einen Klacks Füllung und befeuchten die Teigränder. Die werden jetzt an den Ecken hochgefaltet und fest zusammengepreßt – die Hülle muß dicht sein.
Nun können Sie die Wonton entweder zehn Minuten in einer Brühe garen oder in Öl schwimmend golden ausbacken. In beiden Fällen werden sie auf warmer Platte und bestreut mit gehacktem Koriander serviert.

Medaillons unter Kräuterrahm

300 g Schweinefilet
Oregano, Pfeffer und Salz
Olivenöl
1 Bund Petersilie und Basilikum
1 Tasse Crème fraîche
1 Gläschen Grappa oder Brandy

Das oder die Schweinefilet(s) werden kleinfingerdick zu Medaillons geschnitten und mit einer Mischung von gemörsertem trokkenem Oregano, Pfeffer und Salz einmassiert, zum Schluß mit Öl beträufelt. So können sie ruhig einige Stunden warten.
Ebenso wie der Kräuterrahm, den Sie aus fein gehacktem – es geht nichts über das gute alte Wiegemesser, wenn es scharf ist! – Petersil und Basilikum mit der Sahne aufrühren, mit wenig Pfeffer und Salz abschmecken.
Sind die Gäste in Sicht, so braten Sie die Medaillons in einer schweren Pfanne eng nebeneinander von beiden Seiten rasch an; sie lassen sich im vorgewärmten Ofen (in einer feuerfesten Form) eine halbe Stunde warm halten.
Vor dem Auftragen netzen Sie das Fleisch mit feinem Weinbrand, löffeln den Kräuterrahm auf die Medaillons, stecken Spießchen in die Stückchen und servieren in der Form.

Suppli di riso, Rezept Seite 102 ▷

Supplì di riso
(Abb. Seite 100/101)

Supplì al telefono lautet der bildhaftere Name dieser römischen Spezialität: Der warme Käse zieht Fäden, wenn Sie ein Stück dieser knusprigen Reiskroketten mit Ragout-Füllung abbeißen. Es ist darum wichtig, daß Sie auf die Qualität der Käse achten und auch den Parmesan frisch reiben.

300 g Arborio-Reis
5 Tomaten
100 g Butter
2 Eier
50 g Parmesan
1 Handvoll *porcini*: getrocknete Steinpilze
1 kleine Zwiebel
50 g roher Schinken
100 g Kalbsherz
100 g Hühnerleber
100 g Provatura oder Mozzarella bufalo
Semmelbrösel
Pflanzenöl zum Ausbacken

Vorab weichen Sie die Pilze in warmem Wasser ein, reiben den Parmesan und bereiten die Tomaten vor: Überbrühen, häuten, das Mark entfernen und das Fleisch hacken.
Nun geben Sie den Reis zusammen mit der Hälfte der Tomaten und der Hälfte der Butter und etwas Salz in etwa die doppelte Menge siedendes Wasser, mischen mit einer Gabel mehrfach durch und lassen den Risotto eine Viertelstunde *al dente* garen.
Zeit genug, das Ragout anzusetzen. Dafür dünsten Sie in der restlichen Butter die feingehackte Zwiebel glasig und fügen, ebenfalls fein geschnitten, Schinken und Kalbsherz und die abgetropften, gehackten Pilze dazu. Wenn diese Mischung angebraten ist, kommt das übrige Tomatenfleisch dazu und noch später die gehackte Hühnerleber. Das Ragout soll schön dicklich einkochen und muß öfter durchgerührt und ein wenig gesalzen werden.
Inzwischen ist der Reis gar und trocken. Er wird mit zwei Eiern und dem geriebenen Parmesan gut vermengt und soll – am raschesten auf flacher Platte – auskühlen.
Nun brauchen Sie nur noch den Büffelkäse – Provatura ist würziger – in kleine Würfel zu schneiden und können sich dann ans Formen der Kroketten machen: Einen Löffel Risotto in die Hand geben, eine Vertiefung hineindrücken, darein ein Löffelchen Ragout und ein, zwei Käsewürfel; mit dem Reis schließen und das Bällchen in Semmelbröseln wenden.
Die *supplì* werden in Öl schwimmend goldbraun ausgebacken, auf Küchenkrepp abgetropft und heiß serviert.

Cevapčići

Mit gebratenem Gehacktem in Kugel- oder Küchleinform können Sie ganze Kolonnen erfolgreich füttern, und die Tafelweisen werden streiten, ob das noch als Vorgericht gelten darf. Aber bei größerer Gästeschar und längerer Wartefrist bieten Cevapčići oder Polpette ein willkommenes Entrée.

300 g Rindfleisch
200 g Lammfleisch
2 Knoblauchzehen
Oregano, scharfer Paprika und Salz

Rind- und Lammfleisch lassen Sie beim Metzger zweimal durch die Maschine treiben. Es wird mit den durchgepreßten Knoblauchzehen, gemörsertem Oregano und Paprika gut gewürzt, gesalzen und durchgeknetet, dann in kleinfingerkurze Röllchen geformt und unter dem Grill oder auf dem Rost, notfalls in der Pfanne mit wenig Öl von zwei Seiten kroß durchgebraten.

Paté di fegato

Im Register der Hors d'œuvres dürfen die Pasteten natürlich nicht fehlen. Ich gestehe, sie gefallen mir am besten, wenn ich in einer Pâtisserie wählen kann. Denn die wahre Raffinesse erreicht der Laie selten, und der Reiz liegt für den Liebhaber nicht zuletzt im Vergleich, in der Kombination.

300 g Kalbsleber
3 weiße Zwiebeln
1 Bund Petersilie
Olivenöl
1 Löffel weißer Weinessig
2 Löffel Brühe (Extrakt)
250 g feine Butter
1 Gläschen Grappa oder Brandy
Pfeffer und Salz

Sie schneiden Leber und Zwiebeln in feine Scheiben und hacken die Petersilie. Dann werden wie bei dem *fegato alla veneziana* die Zwiebelringe – allerdings mit der Hälfte der Petersilie – in etwas Olivenöl mit einem Löffel Essig geduldig bei kleiner Hitze weich geschmort – das dauert eine halbe Stunde und muß ganz hell, zartgelbgrün bleiben. Dann köcheln Sie Essig und Brühe ein, drehen die Hitze auf und braten rasch die Leber rundum an. Pfeffern, salzen, vom Herd ziehen und auskühlen lassen.
Unterdessen rühren Sie die Butter schaumig und die übrige frische Petersilie ein. Leber und Zwiebel werden im Mixer nicht zu fein passiert und in die Petersilienbutter eingezogen. Mit Weinbrand, Pfeffer und Salz abschmecken. Zu einer Rolle formen, in eine Alufolie wickeln und zwei Tage in den Kühlschrank legen.
Erst dann die Paté in Scheiben schneiden, auf Teller legen, mit Petersilie dekorieren und knuspriges Toastbrot dazu offerieren.

Terrine de caneton

1 junge Ente mit Innereien (1 Kilo)
200 g Flomen: Rückenfett
200 g durchwachsener Speck
Quatre-épices: Pfeffer, Nelken, Zimt, Muskat
Thymian und grobes Salz
1 Glas trockener Weißwein
200 g Egerlinge
Knoblauch und Petersilie
Speckscheiben zum Auskleiden
Mehl und Wasser

Sie müssen zunächst die Ente entbeinen und sollten dabei Brust und Schenkel in kräftigen Fleischscheiben ablösen.
Das übrige Fleisch wird zusammen mit den Innereien, dem kernigen Flomen und dem schwartenlosen Speck fein durchgehackt. Mit den vier Gewürzen, dem in Salz zerstoßenen Thymian und Wein mischen Sie es gründlich zur Farce.
Hinzu kommen noch die Pilze, die Sie vorher fein hacken und mit einer Knoblauchzehe in etwas Öl andünsten, und die frisch gewiegte Petersilie. Nun fetten Sie eine Terrine oder Kastenform und kleiden sie mit Speckscheiben aus. Sie drücken die Hälfte der Farce hinein, legen die Fleischstreifen auf und streichen die übrige Farce darauf und flach. Sie wird mit weiteren Speckscheiben fest abgedeckt.
Jetzt kommt der Deckel auf die Terrine; der Rand wird mit etwas Teig abgedichtet, den Sie aus Mehl und Wasser aufgerührt haben. Die *Terrine de caneton* muß im Ofen bei 160 Grad zwei Stunden garen. Sie brechen die Teigkruste auf, lassen die *paté* erkalten und stellen sie zugedeckt 24 Stunden kühl.
In Scheiben aufschneiden, mit Cornichons und Senffrüchten garnieren.

Tortillas

Theoretisch können Sie den ungesäuerten Teig und die dünnen Fladen aus Mais- oder Weizenmehl für diese mexikanische Alltagskost auch selber zubereiten. Aber es gehört ziemlich viel Kunstfertigkeit und Aufwand dazu – deshalb besorgen Sie sich besser in einem Feinkostgeschäft fertige Tortillas und Tacos die Sie füllen, belegen oder einfach stippen können. Denn die knusprigen Blätter sind hervorragende Saucenträger!

Guacamole

Die Avocados für diese Crème müssen butterweich sein, damit sie auch ihren Geschmack richtig entfalten. Sie reifen in einigen Tagen nach.

- 2 Avocados
- 2 Knoblauchzehen
- 1 Limone
- Chilipulver und Salz
- 1 fleischige Tomate
- 1 Bund Koriander

Die Avocados halbieren, entsteinen und schälen. Zu Mus zerdrücken und verrühren. Mit gepreßtem Knoblauch, Limonensaft, Chili und Salz würden. Das Tomatenfleisch klein gewürfelt und den fein gehackten Koriander unterziehen.

◁ Tortillas mit *Guacamole* und *Salsa cruda*, Rezepte siehe oben

Salsa cruda

- 1 Dose geschälte gehackte Tomaten
- 1–2 Schalotten
- 2 Knoblauchzehen
- 2 Chilischoten oder -pulver
- Zucker, Pfeffer und Salz

Die geschälten Zwiebeln und Knoblauchzehen und die entkernten Chilis mit dem Wiegemesser gründlich zerkleinern. Unter die Tomaten ziehen und mit etwas Zucker, frisch gemahlenem Pfeffer und Salz würzen. Nach ein, zwei Stunden entfaltet die Salsa ihre krude Schärfe!

Enchiladas

Das sind aufgerollte Tortillas, in denen eine würzige Mischung aus Fleisch, Käse oder auch Bohnen steckt.

- 8 Tortillas
- Sonnenblumenöl
- 300 g Rinderhack
- 1 Knoblauchzehe
- 100 g Schafskäse (Kaskaval oder Feta)
- 1 weiße Zwiebel
- Tabasco-Sauce

Das Hackfleisch kurz anbraten, Saft abgießen, auskühlen lassen. Knoblauch hacken, Käse raspeln, Zwiebel längs in Streifen schneiden und mit dem Fleisch mischen. Mit Tabasco und evtl. Pfeffer und Salz würzen.
Die Tortillas rasch und heiß in Öl ausbakken. Je einen guten Löffel Füllung einrollen und die Enchiladas in eine Form betten. Eine Viertelstunde im Ofen bei 180 Grad überbacken.
Dazu gibt es eine *Salsa cruda*.

Cha dum mit nuoc cham

Warum nicht eine Überraschung aus der Küche Vietnams: Schweinefleisch-Pastete mit scharfer Fischsauce!

- 500 g mageres Schweinefleisch
- 6 getrocknete Strohpilze
- 4 Frühlingszwiebeln
- 3 Eier
- 1 Löffel Fischsauce
- Pfeffer und Salz

Zuerst einmal die Pilze in heißem Wasser einweichen; später brechen Sie die Stiele aus und schneiden die Hüte in feine Streifen. Das Fleisch treiben Sie durch die Küchenmaschine, die Zwiebeln werden fein gehackt. Die Eier schlagen Sie mit der chinesischen Fischsauce auf und würzen mit frisch gemahlenem Pfeffer und Salz.
Alle Zutaten werden gründlich zur Farce vermengt, in eine gefettete Terrine gedrückt, mit Alufolie fest abgedeckt und im Ofen bei 160 Grad etwa eine Stunde gegart. Mit einem Holzspieß können Sie prüfen, ob die Pastete gut durch ist: Es darf nichts haften bleiben.
Die Terrine soll etwas abkühlen, dann wird die Form gestürzt, *cha dum* in Scheiben geschnitten und warm serviert mit *nuoc cham*:

- 2 rote Chilischoten
- 1 Knoblauchzehe
- 1 Löffelchen Zucker
- 1 Zitrone
- 1 Gläschen Reiswein
- 4 Löffel Fischsauce

Die Chilis aufschlitzen, entkernen, in Streifchen schneiden und mit der geschälten Knoblauchzehe und dem Zucker im Mörser zerstampfen. Die Zitrone schälen, häuten, entkernen und zerschneiden und stückchenweise mit dem Stößel einarbeiten. Sake und Fischsauce in den Brei rühren und *nuoc cham* mit einer leisen Warnung den Gästen feilbieten.

Empanadas

In Mexiko und Argentinien sind diese Teigtaschen Nationalgerichte. In der Miniausgabe werden sie mit einer scharfen Fleischfüllung zur pikanten Vorspeise.

- 200 g Tatar
- 1 Bund Frühlingszwiebeln
- 1 Handvoll grüne Oliven, rot gefüllt
- 1 Handvoll Korinthen
- 1–2 Chilischoten
- 1 Ei
- Pfeffer und Salz
- 1 Paket Blätterteig oder selbstgemachter Butterteig

Das Weiße der Frühlingszwiebeln wird in Röllchen geschnitten und mit dem Tatar in wenig Öl angebraten: Den ausgetretenen Saft gießen Sie dann ab.
Das abgekühlte Brät wird mit eingeweichten und abgetropften Korinthen, in Scheibchen geschnittenen Oliven, den entkernten und kleingehackten frischen Chilis – oder einer zerbröselten trockenen Schote – und dem verquirlten Ei zur Farce vermischt und mit frisch gemahlenem schwarzen Pfeffer und Salz gewürzt.
Nun rollen Sie den Teig aus, ziemlich dünn, und stechen mit einem großen Glas Kreise aus. In deren Mitte kommt ein Löffel Farce, dann befeuchten Sie die Teigränder und drücken sie fest zu Halbmondtaschen zusammen. Auf einem Blech im Ofen bei 220 Grad 20 Minuten backen.

Das Ende vom Anfang

In jedem Kulinariker steckt ein kleiner Systemfanatiker. Nennen Sie ihm ein Gericht – und er beginnt, über den passenden Wein nachzugrübeln. Preisen Sie einen Wein – und schon erzählt er, welche Beikost seinen Geschmack erhöhte. Sagen Sie ihm einen Speisewunsch – gleich fangen seine kleinen grauen Zellen an, ein Menü zu komponieren. Berichten Sie von einem exzellenten Mahl – da überlegt er schon, wie er's verbessern würde. Schildern Sie ihm ein fabelhaftes Rezept – gleich denkt er nach, wie er es variieren könnte. Und loben Sie, ehrlichen Herzens, wie großartig es Ihnen bei ihm geschmeckt habe – da wehrt er, entzückt, mit bescheidenem Dank ab. Und im Hinterkopf notiert er: Hat der Mensch denn nicht gemerkt, daß die Leber in der Pastete übergart war und der Thymian an der Sauce zu knapp bemessen?

Denn Kulinariker sind auch egomane Perfektionisten; und es ist immer wieder schön zu sehen, wenn sie ihre Eigenwilligkeit als Sonderlichkeit, ihren Perfektionanspruch als Schrulle zu kaschieren sich bemühen. Ich habe Beispiele vor Augen, meine Frau auch. Und ich finde diesen Typus dann immer wieder liebenswert, weil zum guten Geschmack eben auch ein Stück Selbstironie gehört und Nonchalance, sonst stimmt der ganze Kulinariker mitsamt seinen Systemen und Perfektionen nicht. Ich kenne einen, der sich nächtens in Berlin auf die Socken macht, um die besten Buletten zu entdecken. Das gefällt mir.
Und außerdem bin ich damit beim Ende vom Anfang. Denn was mich, beschreibend und genießend, an Antipasti und Hors d'œuvres so stört und sehr viel Selbstbeherrschung abverlangt, ist die Tatsache, daß diese Köstlichkeiten auch immer gleich das Ende vom Anfang sein sollen. Ich kann mich darein, mit feinem Gaumen und spitzer Zunge, auch durchaus intensiver versenken. Und dann wird aus dem formellen Kleinen Buffet ein geselliges leichtes Mahl oder aus dem variantenreichen Vorgericht eine solenne Schlemmerei. Ich bin bereit, das von prinzipienfesten Beckmessern als geschmackliche Sonderheit abtun zu lassen. Doch ehe Sie das tun, bitte ich um eine Probe in natura et corpore. Kombinieren Sie aus eigener Phantasie vier, fünf oder sechs dieser Rezepturen und warten sie ab, wovon Ihre Freunde später eher schwärmen: Vom letzten perfekten Menü oder von der Fülle Ihrer petits delices, Ihrer kleinen Köstlichkeiten...

Übrigens gibt es dafür auch eine ganz handfeste und pragmatische Regel. Wenn meine Gästezahl sechs oder acht übersteigt, dann werde ich mich hüten, ein Menü zu offerieren. Das kriegen wir auch zu zweit nicht perfekt auf den Tisch, denn wir sind kein Profi-Team mit der ent-

sprechenden und notwendigen Küchenorganisation für solch gastronomische Aufschwünge. Aber mit vorbereiteten kalten, warmen und heißen Platten und Schalen schaffen wir leicht auch ein Buffet für zwei Dutzend. Es hat dann Mühe gemacht – aber es ist unser.
Andererseits – keine Regel ohne Ausnahme. Es gibt natürlich auch Gerichte, die ohne Schwierigkeiten auch für sechs und acht Personen zu bereiten sind. Einen »Topf mit Stil« nenne ich sie, und die meisten haben den Vorzug, daß man sie bei aller Vielfalt, Raffinesse und Üppigkeit auf einer Pfanne, in einer Schale, aus einem Geschirr längst vorbereitet *au point* vom heißen Herd auf den Tisch bringen kann.*
Solche Haupt- und Staatsgerichte wie Poule au pot oder Zarzuela, Bollito misto oder Moussaka beanspruchen die Geschmacksnerven ganz und vertragen nach ihrer Natur keine ziselierten Hors d'œuvres, die zu falschen Erwartungen verleiten könnten. Da ist eine neutrale Vorkost angebracht, die den Hunger meiner Gäste bei einem geselligen Umtrunk zuvor dämpft und ihren Appetit zugleich anregt.

Dieser Hinweis befriedigt zugleich den Systematiker in meiner Brust! Denn nun kann ich auch noch den Käse unterbringen, den man gemeinhin an den Ausgang einer Mahlzeit stellt. Das muß aber nicht sein. Ein paar zarte Käsehappen in lockerer Gestalt wirken als Magenöffner zur Geschmackssteigerung wahre Wunder. Und damit sind wir auf vertrackte Weise wieder beim Ende vom Anfang angelangt.

* Diese Gerichte habe ich in meinem Buch »Raffiniertes aus einem Topf« beschrieben, das im selben Verlag erschienen ist.

Chizze

Eigentlich gehört dazu ein Original-Pizzateig. Vielleicht können Sie den frisch in einer nahen Pizzeria organisieren. Sonst verwenden Sie der Bequemlichkeit halber einen Hefeteig aus der Kühlpackung. *Ricotta* ist ein fester italienischer Quark.

500 g Hefeteig
50 g Spinat
50 g Ricotta
75 g Parmesan
1 Eiweiß
Pflanzenöl zum Ausbacken

Der gewaschene und abgetropfte Blattspinat wird im eigenen Saft gedünstet, bis er zusammenfällt. Dann pressen Sie ihn aus und hakken ihn zusammen mit Ricotta klein und ziehen den frisch geriebenen Parmesan unter die Mischung.
Der Teig wird dünn ausgerollt und in 4 cm große Quadrate geschnitten. Auf die Hälfte dieser Teigflecken setzen Sie einen Klacks Füllsel, bestreichen die Ränder mit Eiweiß, decken die anderen Quadrate darauf und pressen die Ränder zusammen.
Die Chizze werden in Öl schwimmend knusprig ausgebacken und heiß serviert.

Panzarotti

Das ist die südliche Variante der lombardischen Chizze. Dem Original kommen Sie am nächsten, wenn Sie den Teig selber kneten (und dann eine Stunde ruhen lassen): aus einem halben Pfund Mehl, zwei Löffeln Schmalz, einem Glas Wasser und etwas Salz. Sonst nehmen Sie eben wieder den fertigen Hefeteig.

500 g Teig
100 g Ricotta
100 g Mozzarella
100 g Salami oder Schinken
50 g Pecorino oder Parmesan
1 Ei
Petersilie, Pfeffer und Salz
Pflanzenöl zum Ausbacken

Die Ricotta wird mit einer Gabel zerdrückt, Mozzarella und Salami fein gewürfelt, der Pecorino frisch gerieben. Dies alles mischen Sie mit einem Ei und gehackter Petersilie zur Füllung und schmecken mit Pfeffer und Salz ab – natürlich auch frisch gemahlen.
Den Teig müssen Sie sehr dünn ausrollen. Dann stechen Sie aus den Blättern mit einem Glas Kreise aus und setzen in deren Mitte einen Klacks Füllsel. Die Teigränder werden befeuchtet und, zu Halbmonden gefaltet, fest zusammengedrückt.
Und nun brauchen Sie die Panzarotti nur noch in Öl auszubacken.

Gnocchetti di ricotta

350 g Ricotta
150 g Parmesan
150 g Mehl
2 ganze Eier und zwei Eigelb
Muskat und Salz
100 g Butter
Salbei

Die zerstückelte Ricotta und die Hälfte des frisch geriebenen Parmigiano werden mit Mehl und Eiern durchgeknetet und mit frisch gemahlener Muskatnuß und Salz gewürzt. Und glauben Sie nicht, daß es dafür ein besseres Instrument als Ihre Hände gebe! Dann formen Sie die Masse mit bemehlten Händen zu talerdicken Rollen, die ein wenig plattgedrückt werden und eine Stunde ruhen.
Danach schneiden Sie die Rollen in fingerdicke Scheiben. Eigentlich genügt das schon – aber im Endergebnis schmeckt die Sache noch feiner, wenn Sie diese Scheiben zwischen den Handflächen rasch zu dicken Nudeln walken.
Jetzt lassen Sie die Butter in einem Pfännchen aus und schäumen sie mit frischen oder getrockneten Salbeiblättern auf – die ersteren sollen knusprig werden.
Die Gnocchetti werden in siedendem Wasser drei Minuten gegart und mit einem Schaumlöffel, abgetropft, in eine vorgewärmte Schale gegeben. Mit der Salbeibutter übergießen, dem restlichen Parmesan bestreuen und heiß mit Stickern zum Picken und Wälzen servieren.

Gruyère délices

1/4 l Milch
1 Schalotte
1 Muskatblüte: Macis (1 Stern)
1 Lorbeerblatt
Koriander- und Pfefferkörner
75 g Butter
100 g Mehl
200 g Gruyère: Greierzer Käse
2 Eier
Semmelbrösel
Pflanzenöl zum Fritieren
2 Limetten oder Zitronen

Die Milch kochen Sie mit der gespaltenen Schalotte, Macis und Lorbeer und ein paar Koriander- und Pfefferkörnern *fast* auf: Das heißt, Sie nehmen sie vor dem Schäumen vom Herd und lassen sie dann eine halbe Stunde durchziehen.
Unterdessen schmelzen Sie in einer kleinen, festen Kasserolle die Butter und rühren mit dem Quirl das Mehl ein zur hellen Schwitze. Jetzt nehmen Sie die Hitze weg und fügen unter ständigem Rühren die geseihte Milch hinzu. Zum Schluß soll diese Sahnesauce noch einmal ein bißchen aufköcheln, denn jetzt ziehen Sie den Topf vom Feuer und rühren ein Eigelb und den frisch geriebenen Käse hinein.
Die Käsemischung wird auf eine vorgefettete, kalte Platte gegossen – ein kleines Backblech tut da gute Dienste. Und dann kühlt der Fladen zwei Stunden aus, ehe Sie ihn zu mundgerechten Häppchen schneiden. Die werden, wenn die Gäste in Sicht sind, in einem aufgeschlagenen Ei und danach in Semmelbröseln gewendet, rasch fritiert, auf einer Platte im Ofen warm gehalten und mit Limettenschnitzen beträufelt und dekoriert aufgetragen.

Provatura fritta

Natürlich *könnte* man diese fritierten Würfel aus jedem halbfesten Schnittkäse bereiten. Tun Sie es dennoch nicht; es machen schon zu viele, und das Resultat ist ziemlich einfältig. Nein, der Reiz liegt wirklich in diesem besonderen Käse aus Büffelmilch. Auch wenn der Stammbaum der Kühe nicht mehr so ganz wasserbüffelrein ist – die Herstellung wahrt immer noch den Käsecharakter. Provatura ist ein lohnendes »Souvenir« aus dem Urlaub!

300 g Provatura oder Provolone oder Caciocavallo
Mehl
2 Eier
Semmelbrösel
Sonnenblumenöl zum Ausbacken
1 Bund Salbei

Sie schneiden den Käse würfelgroß, bestäuben ihn mit Mehl und wenden die Würfel durch. Dann werden sie in die verquirlten Eier getaucht und auf einer großen Platte mit Semmelbröseln umgewälzt.
Nun können Sie schon mal einen Fritiertopf mit Öl erhitzen, die frischen Salbeiblätter zupfen und hineinwerfen.
Die Käsewürfel sind inzwischen so angetrocknet, daß sie noch einmal in Eierschaum gewendet werden können und einen zweiten Überzug Semmelbrösel akzeptieren.
Der Rest ist trivial. Sie schöpfen die knusprigen Salbeiblätter aus dem Fritiertopf, backen die Käsewürfel darin portionsweise golden an und servieren alles gut gemischt auf einer heißen Platte, die Sie zuvor mit einer saugfähigen Serviette bedeckten.

Brietorte

Für diese Torte brauchen Sie ein Pfund trokkene Bohnen oder Erbsen. Die werden zwar nicht gegessen, erfüllen aber einen alten Küchentrick: Der Boden des vorgebackenen Blätterteigs darf nicht aufgehen. Und im Grunde geht das ganz einfach.

1 Packung Blätterteig
1 Pfund trockene Hülsenfrüchte
250 g Briekäse
1 Becher Crème fraîche
1 Döschen Safranpulver
1 kleine Ingwerknolle
1 Löffelchen Dijon-Senf
1 kleiner Bund Petersilie
3 Eier
2 Löffel Sahne
Pfeffer und Salz

Den Teig rollen Sie aus und kleiden ihn wie einen Tortenboden, jedoch mit hohem Rand, in eine Springform. Den Boden mehrfach mit einer Gabel piken, mit Backpapier belegen und die trockenen Bohnen daraufgeben. 15 Minuten blindbacken.
Den Käse entrinden und in Würfel schneiden. Dann wird er ähnlich wie Fondue in einem Caquelon bei kleiner Hitze mit der Crème geschmolzen und verrührt. Sie fügen Safran, Senf, fein gehackten Ingwer und Petersilie dazu und rühren zum Schluß die Sahne mit den verquirlten Eiern ein. Mit Pfeffer und Salz abschmecken.

◁ Böreks (s.o.) und Corniottes, Rezept nebenstehend

Nun nehmen Sie Bohnen und Papier vom Teigboden und lassen ihn im offenen Ofen noch einige Minuten ausbacken. Schließlich gießen Sie die Käsemischung auf, verteilen sie gut und backen die Brietorte bei 180 Grad eine gute halbe Stunde leicht gebräunt und knusprig. Sie schmeckt heiß und kalt.

Böreks

(Abb. Seite 112/113, links)

Das ist eine hellenisch-osmanisch-arabische Spezialität in unzähligen Variationen: Würzkuchen oder Teigtaschen in Blätterteig. Den besorgen Sie sich aus der Kühltruhe.

1 Packung Blätter- oder Strudelteig
4 Eier
100 g Feta: milder, fester Schafskäse
1 kleine weiße Zwiebel
Einige Blätter frische Minze
Dukkah!
1 Ei
1 Eigelb
100 g Butter

Das scheinbare Problem heißt natürlich Dukkah: Eine ägyptische Gewürzmischung. Die hier notwendige Menge stellen Sie her, indem Sie je einen halben Teelöffel Koriandersamen und Kreuzkümmelsamen mit ebensoviel angebräuntem Sesamsamen, drei gehackten Haselnüssen und einigen Pfeffer- und Salzkörnern zerstampfen. Davon verwenden Sie aber bitte höchstens die Hälfte für dieses Rezept!
Die Eier werden hartgekocht und ebenso wie der Schafskäse, die Zwiebel und die Minzeblätter gehackt und mit einem Löffelchen Dukkah und dem Eigelb gründlich zur Füllung gemischt.

Den Teig rollen Sie dünn aus, schneiden ihn zu handtellergroßen Vierecken und setzen inmitten einen Löffel Füllsel. Die Ränder werden mit Eigelb bestrichen, zum Dreieck übereinander geklappt und festgedrückt.
Nun bestreichen Sie die Teigtaschen mit geschmolzener Butter und backen die Böreks in einer knappen halben Stunde auf einem gefetteten Blech im Ofen bei 160 Grad knusprig.

Corniottes

(Abb. Seite 112/113, rechts)

Für diese milde Käseecken, die sich auch noch neben einem Glas Champagner sehen und schmecken lassen können, brauchen Sie einen weißen, würzigen Weichkäse, der am besten noch in der frischen Molke liegt.

200 g Mehl
1 gute Prise Salz
200 g Butter
2–3 Eßlöffel Eiswasser
200 g Fromage blanc (Weißkäse)
3 Eier
3 Löffel Crème fraîche
Weißer Pfeffer und Salz

Mehl, Salz und kleine Butterstückchen verreiben Sie mit den Fingern zu einer krümeligen Mischung. Die wird mit kaltem Wasser besprenkelt und zu einem Ballen geknetet und gewalkt, bis der Mürbeteig ganz glatt ist. Schlagen Sie den Teig in eine Folie und legen Sie ihn eine Stunde kühl.
Der hoffentlich lockere Weißkäse wird mit einer Gabel zerdrückt und mit den verquirlten Eiern und dem Rahm zur glatten Masse verrührt, mit frisch gemahlenem weißen Pfeffer und ein bißchen Salz abgeschmeckt.

Der Teig muß wieder Küchentemperatur haben, ehe Sie ihn nun flach ausrollen. Mit einem großen Glas stechen Sie Kreise aus und verteilen in deren Mitte die Füllung. Die Ränder befeuchten, zu einem Dreieck hochschlagen und fest zusammendrücken.
Sie setzen die Corniottes auf ein gebuttertes Backblech, stellen die Hitze auf knapp 200 Grad und lassen sie in einer halben Stunde etwa golden bräunen.
Und dann schenken Sie sich das erwähnte Glas Champagner ein, kühl, lassen dazwischen die warme Köstlichkeit auf der Zunge vergehen, und überlegen, mit welchen Delikatessen Sie Ihre Freunde beim nächsten Entrée überraschen werden. Denn auch da gilt: L'appétit vient en mangeant!

Crudités, Rezept Seite 15, mit Aïloi, Rezept Seite 15, Anchoïade, Rezept Seite 15, und Tzatziki, Rezept Seite 51 ▷

Rezepte von A bis Z